Liebe Sabine,

ich wünsche Dir von
ganzem Herzen ein
gesegnetes, frohes
Weihnachtsfest!
Das metallene Teil ist
kein ungestaltes Lese-
zeichen, sondern eine
Käsereibe – hoffentlich
für Parmesan geeignet.

Weihnachten 1998

Dein Günther

SLOW FOOD

IL PARMIGIANO REGGIANO

Parmesan

Der König der Käse

Lucia Bartolini

Deutsch von Susanne Bunzel

EDITION SPANGENBERG BEI
DROEMER

Die italienische Originalausgabe ist bei Nardini Editore in Fiesole (FI) unter dem Titel *Il parmigiano reggiano* erschienen.
Idee und Gesamtleitung der Reihe: Paola Rigotti
Redaktion: Andrea Galeazzi

Umschlaggestaltung: Lorenzo Crinelli
Umschlagillustration: Miniatur aus einem lombardischen Kodex des 14. Jahrhunderts
Printed in Italy
ISBN 3-426-27097-8

5 4 3 2 1

EIN GROSSER KÄSE AUS DEM KLOSTER

Der Parmigiano Reggiano

In Italien gibt es rund vierhundert verschiedene Käsesorten, weltweit hat man ungefähr zweitausend verschiedene Arten von Käse gezählt und dokumentiert. Angesichts dieser Vielfalt fällt die Orientierung oft schwer, nicht zuletzt deshalb, weil feine Qualitätsunterschiede nur von erfahrenen Verkostern mit feinem und geübtem Geschmackssinn ausgemacht werden. Auch der Laie erkennt jedoch einen schön gereiften Laib Parmigiano Reggiano, der ganz besondere und unverwechselbare Eigenschaften besitzt, die sich sofort allen Sinnen (sogar dem Gehör!) offenbaren und die sich im Rahmen einer genauen wissenschaftlichen Analyse und aus geschichtlichen Zusammenhängen heraus begründen lassen.

Der große Käselaib ist rund und gelb wie die Sonne und erhält als einziger Käse eine Jahrgangsbezeichnung wie ein großer und edler Wein. Das Herstellungsjahr ist deutlich auf die Rinde aufgeprägt, ebenso sein Name, der sich aus vielen Pünktchen zusammensetzt und auf der ganzen Rinde zu lesen ist. Auf der Seite ist außerdem das typische Brandzeichen zu sehen, das nicht nur innerhalb Italiens, sondern in allen Ländern der Europäischen Union für seine hervorragende Qualität garantiert. Ebenso einzigartig sind die beiden glatten »Gesichter« mit ihrer seidigen

»Haut«, die geradezu zum Streicheln einlädt. Und schließlich erklingt ein ganz bestimmter trockener Ton, wenn man mit einem speziellen Hämmerchen auf die Rinde klopft. Dieser Ton ist Zeichen für die außergewöhnlich lange Haltbarkeit des Parmigiano Reggiano.
Die einzelnen Käsestücke, die geschickte Hände aus dem Laib herausbrechen und nicht einfach wie bei anderen Käsesorten abschneiden, sind von strohgelber Farbe, keinesfalls milchig weiß oder leuchtend gelb, wie man dies von gefärbtem Käse kennt.
Bereits beim ersten Bissen stellt man

fest, daß die Konsistenz des Parmesans nicht breiig, sondern fein gekörnt ausfällt, was von den vielen winzigen und beinahe unsichtbaren Löchlein im Teig herrührt. Geschmack und Aroma offenbaren ein selten erreichtes Gleichgewicht zwischen Würzigkeit, Intensität und Zartheit der frischen Kuhmilch, von deren Qualität alles abhängt. In der Tat wird sie ohne Zusätze und Konservie-

rungsstoffe, nur in einem durch jahrhundertelange Erfahrung gereiften Verfahren verarbeitet.

Daraus resultiert schließlich ein außergewöhnlicher Käse, der sogar allein erfolgreich auf einem einfach gedeckten Tisch bestehen kann, der guten Geschmack und viele verschiedene Nährstoffe auf einzigartige Weise mit leichter Bekömmlichkeit zu vereinen weiß und der den verschiedensten Ansprüchen an Geschmack und Ernährung gerecht werden kann.

Formenvielfalt auf dem Markt

An einem gut sortierten Käsestand auf einem traditionellen italienischen Markt

ragt der Parmigiano Reggiano schon allein wegen seiner Ausmaße zwischen all den frischen Käsekügelchen und -körbchen, dem würzigen Toma und Provolone, den rustikalen Caciotte und Ruzzole, den zarten Mozzarellahäppchen und Frischkäseröllchen heraus, denn er mißt 24 Zentimeter in der Höhe, besitzt einen Umfang von 140 Zentimeter und wiegt mehr als 40 Kilo.
Es ist immer wieder ein faszinierendes Schauspiel, für das es sich innezuhalten lohnt, wenn der Käsehändler mit einem

kleinen lanzettförmigen Messer aus dem großen Laib die einzelnen Stücke heraussticht. Der Käse wird nach einer ganz bestimmten Technik zerteilt und dann gebrochen. Das Verfahren unterscheidet sich von allen anderen Käsesorten, die in Scheiben oder in Stücke *geschnitten* werden. Wenn uns der freundliche Käsehändler dann noch ein Stückchen zum Probieren anbietet, können wir selbst in einem kleinen Käseraspel einige grundlegende Eigenschaften des reifen Parmigiano Reggiano erkennen: würziger, aber nicht zu scharfer Geschmack; kräftiges, aber gleichzeitig ausgewogenes und zartes Aroma; typische strohgelbe Farbe, aber kein leuchtendes Gelb, das durch Zusätze und Farbstoffe erreicht wurde; einzigartige Körnung, die

sich von allen anderen Käsesorten unterscheidet und deren Finesse man langsam entdeckt und schätzen lernt – ganz so wie die Perlage eines Champagners oder die feinen Bläschen eines hochwertigen Perlweins.
An der Käsetheke des Supermarkts fällt die Wahl nicht mehr ganz so leicht wie auf dem Markt, denn anstelle des ganzen Laibs, der viele allgemein bekannte Erkennungsmerkmale trägt, liegen dort nur zurechtgeschnittene Stücke, Raspel oder bereits fertig gerieben und verpackter Käse. Die Plastikfolie, die diese Käseportionen umhüllt, mag zwar für die heutigen Vertriebswege nützlich sein, verbirgt aber zumindest teilweise die typischen Eigenschaften des Inhalts und verwirrt uns mit zahlreichen Hinweisen, Preisen und Etiketten von Konsortien zum Schutz verschiedener Käsesorten, die vordergründig zwar ähnlich sind, in Wirklichkeit aber große Unterschiede aufweisen: Parmigiano Reggiano, Grana Padano und Grana Trentino. Wenn Sie bei Ihrer Wahl, die ja nun nicht mehr auf einen Käsehändler und ein Stückchen zum Probieren zählen kann, sicher gehen wollen, sollten Sie sich Zeit lassen und sich umfassend informieren.

Die Anfänge der Käseherstellung

Vom Überlebensinstinkt geleitet, experimentierten die Menschen seit alters

her, mischten und erwärmten in der Sonne oder über dem Feuer alles, was sie im Überfluß fanden – so auch die Milch von Schafen und Ziegen, die noch vor Rindern als Haustiere gehalten wurden, weil sie gefügiger, genügsamer und leichter zu melken sind.
Die Milch erwärmte sich in der Sonne und wurde fest; mit Hilfe von zahlreichen Bakterienkulturen vergor sie und wurde bekömmlich. So entstand die er-

ste Sauermilch und damit der Joghurt. Aus der Milch, die nach neu gewonnenen Erkenntnissen über dem Feuer erhitzt wurde, entwickelte man den Käse. Erste Überreste hat man in ägyptischen Grabkammern aus dem 24. Jahrhundert v. Chr. gefunden. Joghurt und Käse stellen grundlegende Entdeckungen und Erfindungen dar; denn sie machen nicht nur ein wertvolles und leicht verderbliches Nahrungsmittel haltbar, sondern machen die Milch auch für all diejenigen (das heißt ganze Völkerstämme) ge-

nießbar, die nach dem Säuglingsalter das Enzym Laktase und damit die Fähigkeit verlieren, Milchzucker abzubauen und zu verdauen. Die Tatsache, daß die erste Säuglingsnahrung unverträglich wird, ist kein Zufall, sondern von der Natur so vorgesehen, damit der Platz an der Mutterbrust wieder frei wird für neue Nachkommen.

Nicht nur das Feuer und die nützlichen Bakterien waren für die Käseherstellung von Bedeutung, sondern auch die Entdeckung der Eigenschaften anderer pflanzlicher und tierischer Organismen. Die Milch der Feigen, die Blüten von wilden Disteln, Artischocken und Ananas oder die Säfte im Magen von Lämmern und Ziegenlämmern, aus denen die ersten Behälter gemacht waren, enthalten bestimmte Säuren und Enzyme, die die Milch gerinnen lassen. Den wichtigsten dieser Stoffe nennt man Lab. In der geronnenen Milch oder im Bruch sind wichtige Nährstoffe in konzentrierter Form enthalten. Eiweiß, Fett, Mineralstoffe sind außerdem leichter verdaulich, weil sie bereits zum Teil abgebaut sind. Vom Bruch scheidet man die Molke ab. Diese wäßrige Flüssigkeit würde das Konservieren im wahrsten Sinne des Wortes nicht nur in chemischer, sondern auch in physikalischer Hinsicht erschweren – man denke nur an die Transport-

und Lagerfähigkeit von wasserhaltigen Nahrungsmitteln.

Der Bruch wurde in Form gepreßt und in geflochtene Weidenkörbe gelegt, wo er abtropfen konnte und haltbar wurde. Später wurde der Bruch zur Haltbarmachung gesalzen und mit Holzscheiten in Form gepreßt und hieß dann allgemein Käse.

Ob gekocht, halbgekocht oder geschmolzen, frisch, gereift oder gealtert, weich, hart, halbfest, fetter oder halbfett – jede Käsesorte besitzt ganz bestimmte Eigenschaften in puncto Farbe, Aroma, Geschmack, Konsistenz und sogar Klang. Käse fällt in jeder Gegend anders aus, denn jede Gegend besitzt ihre ganz spezifischen Ansichten und Traditionen, Weidegründe, Tierarten und -rassen, Grotten und Lagerräume, in denen bestimmte Mikroorganismen leben und dieses ganz besonders wertvolle Nahrungsmittel hergestellt werden, reifen und lagern kann. Käse gehört im Alltag und bei Festen auf den Tisch, macht aus einer einfachen Suppe einen kulinarischen Genuß oder verhilft einer aufwendigen Speise zu letzter Vollendung.

Schafe statt Kühe

Mit der ersten Jahrtausendwende gingen tiefreichende politische und kulturelle Veränderungen einher, die sich auch in Ackerbau und Ernährungsweisen der Zeit niederschlugen. Die Entwicklung geht vom lauwarmen Rohkäse aus Schafs- oder Ziegenmilch, der zu einer Scheibe Bauernbrot gegessen wurde, zu einem großen Käselaib aus Kuhmilch, von dem man kleine und größere Stücke abbricht, die kräftigende Nahrung für hart arbeitende Bauern abgeben oder als begehrte Gabe für berühmte Persönlichkeiten gehandelt werden. Für die meisten war Käse eine Notwendigkeit zum Überleben, für wenige ein wertvolles Mittel gegen Gicht oder andere Altersbeschwerden, die auf falsche und zu schwere Ernährung zurückgingen.

Bis zum frühen Mittelalter hatte sich die Ackerbaukultur der Römer auch in den Ebenen und Hügellandschaften rechts und links des Po durchgesetzt und etabliert. Dem Beispiel der Römer folgend, betrieb man Getreideanbau und hielt Schafe, Ziegen und Schweine. Brot und

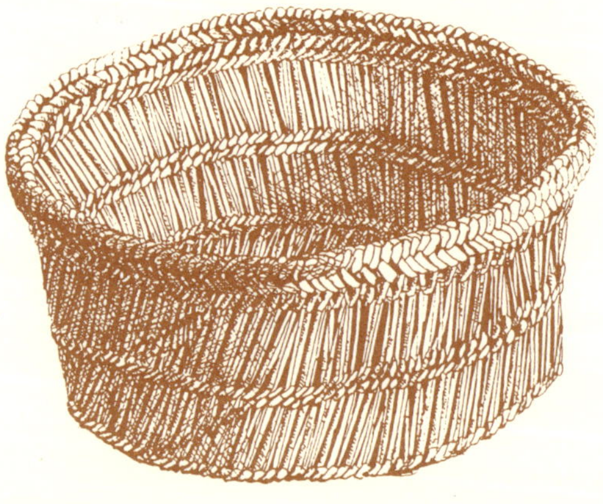

Schafs- oder Ziegenkäse bildeten die Grundnahrungsmittel. Die Schaf- und Ziegenherden weideten auf wilden Wiesen oder auf Feldern, die aufgrund der Fruchtwechselfolge gerade brachlagen; die Schweine dagegen ließ man frei im Wald herumlaufen. Um aus einem Schaf (*pecus*) Geld (*pecunia*) zu machen, verkaufte man hauptsächlich das Vlies (die Schafe aus Parma waren für ihre feine Wolle bekannt und wurden nur noch von den Schafen aus Apulien übertroffen).

Wenn gelegentlich etwas Milch übrigblieb, machte man daraus würzigen Pecorino oder zarten und schnell verderblichen Frischkäse, die allerdings nicht verkauft wurden, sondern für den Hausgebrauch bestimmt waren.
Jeder Bauernhof besaß nur wenige wertvolle Rinder, die als Arbeitstiere für die Feldarbeit eingesetzt und als Zugtiere vor Karren gespannt wurden. In einer Landschaft, die streng in Wald- und An-

bauflächen unterteilt war, gab es keinen Platz für ausgedehnte Weiden. Die Kühe hatten demnach nicht übermäßig viel Futter und produzierten daher gerade so viel Milch, wie sie für ihre Kälber brauchten.

Wie in der berühmten Fabel vom Fuchs und den Trauben wurde die wenige Kuhmilch, die übrigblieb, von den Römern nicht sonderlich geschätzt. Sie galt sogar als ungenießbar und schädlich und wurde statt dessen als Hautpflegemittel eingesetzt. Zeitgenössischen Historikern und Chronisten zufolge wurde Kuhmilch nur von den sogenannten »Barbarenvölkern« konsumiert, die andere Gewohnheiten an den Tag legten, Milch tranken und Butter aßen, aber dafür nichts von Käse und seiner Herstellung wußten.

Martial schreibt zwar im 1. Jahrhundert

n. Chr. von einem »beachtlichen« Käselaib von gewaltigen Ausmaßen, der zwischen Apenninen und Po hergestellt und dann in die antike Hafenstadt Luni gebracht wurde. Obwohl die Dimensionen und die Landstriche authentisch sein dürften, kann es sich dabei nur um einen großen Laib Pecorino gehandelt haben und nicht um den ersten Beleg für einen großen Kuhmilchkäse. Um einen einzigen Laib Parmesan von 40 Kilo herzustellen, braucht man 600 Kilo Frischmilch. Selbst auf die Zahlen des Mittelalters übertragen, bedeutet dies den

Ertrag von mindestens einhundert Kühen. Aus zeitgenössischen Inventarien und Verzeichnissen weiß man jedoch, daß solche Mengen zur Zeit Martials für einen einzigen Bauernhof in der Poebene ganz undenkbar waren.
Es mußte schon etwas Außergewöhnliches passieren, damit ein Hof so viele

Rinder mästen und täglich große Mengen Milch erzeugen konnte. Außerdem mußte man damit umgehen können, daß die Milch nicht verdirbt und zu einem guten Parmesan heranreifen kann.

Kühe statt Schafe

Nach der ersten Jahrtausendwende machten es die Bevölkerungszunahme

einerseits, aber auch wiederholte Hungersnöte andererseits notwendig, nach neuen Mitteln und Wegen zum Überleben zu suchen. Neue Formen der Forstwirtschaft und des Ackerbaus, neue Landverteilung und Machtstrukturen brachten nachhaltige Veränderungen. Durch die Regulierung von Wasserläufen und Quellen legte man Sümpfe und Moore trocken, die früher Fischern und Froschfängern als Lebensgrundlage dienten, und mit der Rodung von Waldflächen entzog man armen Sammlern und Jägern eine wichtige Nahrungsquelle. Die Differenzierung des Ackerbaus von ausschließlich Getreide zu Mischkulturen mit Getreide und Futterpflanzen ermöglichte schließlich die Aufzucht von Rindern in größerem Maßstab. Die Barbaren brannten bei ihren wiederholten Überfällen nicht nur Felder und Wälder nieder, sondern brachten auch Ochsen und Kühe aus ihrer Heimat mit. Darunter waren auch ausgesprochene Milchkühe, die heute als die Urahnen der Rinderrasse gelten, die die hervorragende Milch für den Parmesan liefert.

Diese neuen Kontakte verwandelten die herrschende klassische Kultur in eine neue, europäisch geartete Kultur. Zu den Neuerungen und Veränderungen, die zu Beginn des zweiten Jahrtausends eintraten, gehört auch der revolutionäre

und »gewichtige« Käselaib aus Kuhmilch, der erste europäische Käse, der in den Klostermolkereien erfunden wurde und heranreifte. Die folgenden Abschnitte geben einen kurzen Einblick in seine Geschichte.

Die Wiege des Parmigiano Reggiano

In den Alpentälern brachten auch bereits vor dem Jahr 1000 die kleinen Bau-

ern ihre Milch in eine zentrale Molkerei, die Käse aus gemischter Milch, aus Kuh-, Schafs- und Ziegenmilch herstellte. Die damaligen Käsesorten unterschieden sich jedoch in Teig, Dimension und Reifegrad stark vom heutigen Parmesan. Dem Beispiel der Bergbauern folgten auch bald die Bauern in der Ebene, wo die Viehherden überwinterten. Dort stellte man bald sogenannten »Winterkäse« aus gemischter Milch her. Dieser Käse war fett und üppig und eher vergleichbar mit heutigem Bergkäse als mit Parmesan.

Ganz anders verhielt es sich mit den Benediktiner- und Zisterzienserklöstern, die in den Bergen, zwischen Wasserläufen und dichten Wäldern in der weitläufigen Poebene entstanden waren: die Abteien in den piemontesischen Alpen unweit der Alpenpässe nach Frankreich, die berühmten Klöster in der Ebene wie Chiaravalle und Nonantola oder die Abbazia di Pomposa am Podelta, die noch heute an den Überresten des einst gewaltigen Mesola-Waldes liegt, um nur einige zu nennen.
Ihren Regeln der Selbstgenügsamkeit folgend, entwässerten Benediktiner und Zisterzienser Sümpfe und rodeten dichte Wälder, um ihre Klöster zu bauen und neues Ackerland hinzuzugewinnen. Sie säten Getreide und ausreichend Futter-

pflanzen für die Aufzucht großer Rinderherden.
Mit Klee und Luzerne begann die organisierte Weidewirtschaft, die heute noch unentbehrlich ist für die Ernährung der Milchkühe und für einen besonders würzigen Käse mit zartem Aroma und langer Haltbarkeit, die ohne den Zusatz von oftmals schädlichen Konservierungsmitteln erreicht wird. Südlich des Po in der Gegend um Parma konnten die im Ackerbau erfahrenen Benediktiner ihre

Felder mit sogenannter »terramàra«, einer Art Torfablagerung aus den ehemaligen Sümpfen, düngen. Dieser natürliche Dünger war reich an Kalk und organischen Substanzen und brachte im Verein mit der guten Bewässerung durch die vielen Quellen reichlich Futterpflanzen hervor.
Auf den Ländereien der Klöster standen Speicher für Korn und andere Erzeugnisse, in denen auch die Landarbeiter Unterschlupf fanden. Schon bald wur-

den daraus Kuhställe für viele Tiere. Kornspeicher und Kuhställe wurden um Wirtschaftsgebäude ergänzt, in denen die Milch zu Käse verarbeitet wurde. Diese »caselli« hatten einen quadratischen oder mehreckigen Grundriß und große Fensterläden und sind auch heute noch in der Poebene oder in den Apenninentälern der Flüsse Taro, Enza, Parma, Secchia und Crostolo zu sehen.
Man kann sich nun leicht vorstellen, daß in den Käsereien der Klöster die Wiege des späteren Parmigiano Reggiano stand. Bereits in Urkunden aus dem 13. Jahrhundert werden diese Einrichtungen der Benediktinerklöster unter der Herrschaft des Bischofs von Parma im Taro- und Enzatal erwähnt.

Die Kunst der Apotheker

Jetzt wissen wir, wann und wo ein einziger landwirtschaftlicher Betrieb täglich frisches Futter und so viele Milchkühe zur Verfügung hatte, um genügend Milch auch nur für einen einzigen 40-Kilo-Laib zusammenzubringen. Geklärt werden muß noch, wie man aus diesem Überfluß einen Käse mit so feinem Teig und so feiner Körnung machen konnte. Die Mönche beschränkten sich nicht nur auf die praktische Seite, sondern machten sich auch um die Forschung im Molkereiwesen verdient. Inmitten der Destillierkolben und Reagenzgläser der klösterlichen Kräuterapotheken entdeckten die neuen »Kräuterköche« oder Apotheker, daß man bei zweimaligem Erhitzen der Milch auf eine bestimmte Temperatur die Proteine, Fette und Mineralstoffe noch besser konzentrieren und eine festere Käsemasse herstellen konnte. Man experimentierte, bis die idealen Voraussetzungen gegeben waren, um die geeigneten und für die Umgebung typischen Mikroorganismen zu selektieren und unerwünschte Gärprozesse zu verhindern, andererseits aber erwünschte Prozesse zu fördern, die einen besonders nahrhaften und begehrten Käse mit feiner Körnung, gutem Geschmack und Aroma sowie langer Haltbarkeit entstehen ließen.

Ein Käse für viele Märkte

Bei ihrer Suche nach ausgewogenen Formen des Überlebens folgten die Mönche nicht nur allgemeinen Prinzipien der religiösen Nächstenliebe oder utopischen Ideen, sondern den präzisen Vorschriften für ihren klösterlichen Alltag. Neben dem bekannten Prinzip »ora et labora« gab es Regeln zur fleischlosen Ernährung, lange Zeiten des Wachens und Betens und Fastenzeiten, in denen weder Fleisch noch Butter gegessen werden durften. Außerdem war es den Klöstern strengstens verboten, Handel zu treiben und das, was innerhalb der Klostermauern erzeugt wurde, auf Märkten und Jahrmärkten zu verkaufen.

Durch diese Abgeschiedenheit von der Welt entstand unter den Klöstern in Italien und in ganz Europa ein einzigartiges Netzwerk von Ost nach West und von Nord nach Süd, innerhalb dessen man sich austauschen konnte. Wir bewundern noch heute die vielen künstlerischen Zeugnisse dieses regen Verkehrs. Auf internen Wegen zirkulierten auch außergewöhnliche Erfindungen aus dem Bereich der Gastronomie, die wir nach wie vor schätzen: ausgezeichnetes Bier, edle Brände, großartige Rotweine und Champagner und schließlich hervorragender Käse.

Da die Mönche ihren frischen Käse nicht auf den Markt tragen durften, erdachten sie schnell ein Verfahren zur Herstellung

eines haltbaren Käses aus der Milch von Kühen, die mit reichlich frischem und saftigem Futter aufgezogen wurden. Das brauchte nicht mehr nur ein »Winterkäse« zu sein, weil man nicht mehr ausschließlich auf die Rückkehr der Kühe von ihren Sommerweiden im Spätherbst und Winter angewiesen war, sondern das konnte ein »Maikäse« sein, der im Frühjahr und Frühsommer gemacht wurde. Dieser Käse schmeckte besser und enthielt noch mehr Nährstoffe.

Nachdem man ein geeignetes Produktionsverfahren entwickelt hatte, stellte man den Käselaib an der Klosterpforte aus und verkaufte den Käse von dort.

Wenn es wahr ist, daß jedes Gesetz auch zu einem Gesetzesbruch führt, dann war dieser Gesetzesbruch zumindest äußerst schmackhaft und nicht zu übersehen. Die großen Laibe, die glänzten wie der lichte Tag, waren schon von weitem zu erkennen und von nahem sehr geschätzt. Schon bald lockten sie geschickte Händ-

Da i primi de settembre in fin a magio
Che le piegore, e vache va in montagna
Vendo puina smalzo, e bon formagio. 48

ler an die Klosterpforten, die sich nach ihrem Prinzip »Kauf, Tausch und Verkauf« um den Vertrieb zu Lande und zu Wasser kümmerten.

Ein Künstler, eine Liebschaft oder etwas anderes Begehrenswertes wird meist nach seiner Herkunft benannt. So geschah es denn auch mit dem Käse, der den Namen seines Ursprungsorts trägt. Die vielen Klöster und Dörfer gaben ihrem Käse Namen, die auch heute noch mit dem Parmesan in Verbindung gebracht werden.

Ein langer Weg zum Erfolg

Alles schien nun bestens geregelt, jeder war's zufrieden, doch Glück und Schicksalsschläge wechseln sich in der Geschichte des Parmesan wie auch in anderen Geschichten ab. Verordnungen und Proteste, Bullen und Edikte folgen dicht an dicht, um die Qualität, Eigenschaften, Ursprungsbezeichnungen zu schützen, um die einzelnen Parmesansorten voneinander abzugrenzen. Sie sind aber auch Ursache weiterer Verwirrungen und Verwechslungen, die einer Klärung bedurften.

Die Erfahrung lehrt immer wieder, daß einige berühmter werden als andere,

selbst wenn alle die gleichen Ausgangsbedingungen hatten. In unserem speziellen Fall handelt es sich stets um eine Parmesansorte aus einem Kloster, aus dessen offener Pforte sie hervorlugte und verschwand, um auf verschiedenen Wegen über Flüsse und Ebenen in die ganze Welt hinausgetragen zu werden und um zu gefallen und zu schmeicheln.

Geschmacksproben

Geschmacksprobe oder Verkostung nennt man die organoleptische Analyse, der jeder einzelne Laib Parmigiano Reggiano unterzogen wird und die seine hervorragende Qualität sicherstellen und gewährleisten soll.
Die Höhe des Laibes muß im richtigen Verhältnis zum Gesamtgewicht stehen, während Farbe und Rundung von der Jahreszeit, in der die Milch gemolken wurde, abhängen. Die Rinde muß glatt und unversehrt aussehen. Sie ist verziert, geradezu tätowiert, und trägt die Matrikelnummer der Molkerei, aus der der Käse kommt, sowie Monat und Jahr der Herstellung. Die beiden runden Gesichter sehen ganz anders aus. Sie haben eine feine Haut, die auf den Holzbrettern der hohen Lagerregale, in denen der Käse während seiner Reifung immer wieder gedreht wird, glatt geschliffen wurde.
Wenn alles geklappt hat, verfärbt sich die anfänglich blaßweiße Haut durch das

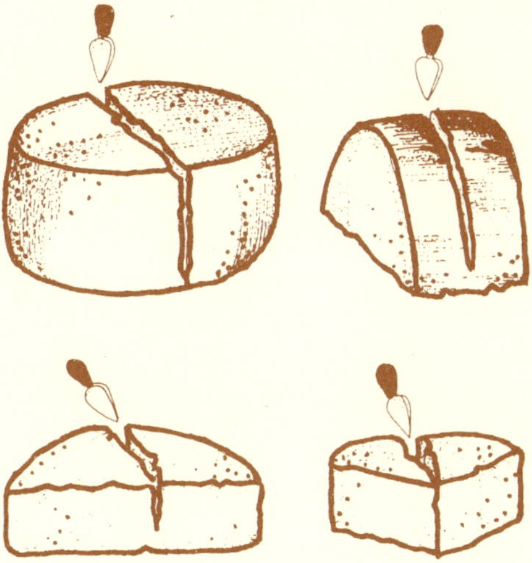

Salzen in eine bronzefarben bis goldene Rinde mit einigen Rötungen und Schweißperlen. Grünliche und schwarze Stellen dagegen deuten auf unerwünschten Schimmelbefall hin. Sie müssen unbedingt weggebürstet und entfernt werden.

Eventuelle Zweifel über die Qualität des Innenlebens des Käses werden mit Hilfe von Probeentnahmen beseitigt. Dazu führt man spezielle Schraubnadeln und kleine Sonden in den sonnengleichen Laib ein.

Die Klangprobe besitzt bei anderen Käsesorten keine Bedeutung. Beim Parmesan jedoch ist der Ton ganz entscheidend. Die Techniker klopfen mit einem Hämmerchen mit rundem Griff auf den Rand, die Ober- und die Unterseite und lauschen mit erfahrenem Ohr nach Unregelmäßigkeiten.

Während der Reifung bedeutet ein trockener Klang ein gleichmäßiges und kompaktes Inneres – der Laib erhält das Markenzeichen und die Jahrgangsbezeichnung, die ein für alle erkennbares Qualitätsmerkmal darstellen. Wenn dagegen ein dunkler Ton erklingt, der in den Windungen und Blasen im Innern widerhallt, dann ist Grund zur Beunruhigung gegeben, weil sich in den Hohlräumen gefährliche Bakterien einnisten können. Die Folgen sind Preisverlust oder gar Ausschußware, die besonders gekennzeichnet werden muß.
Guter Käse wird dann von erfahrenen Händen mit einem kleinen lanzettförmigen Messer nicht geschnitten, sondern gespalten. Beim Öffnen des Laibs in zwei Hälften erklingt ein trockenes Knirschen wie bei Eis, das in der Sonne bricht.

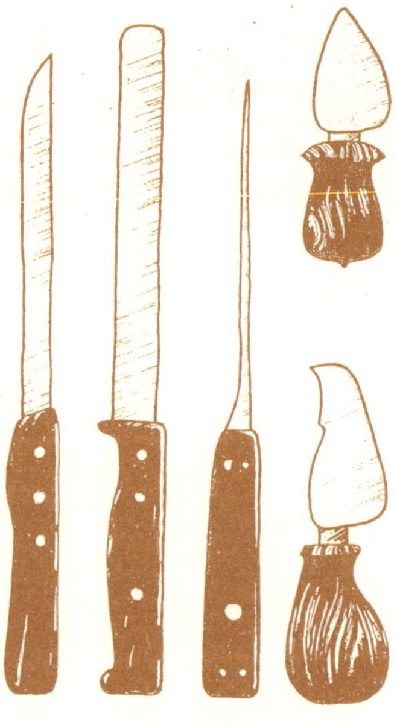

Dann folgen zartere und leisere Töne, wenn der Laib in Spalten geteilt wird. Diese typischen Portionen ermöglichen eine gleichmäßige Verteilung von Rinde und Käse ohne Abfall. Der Käse ist von strohgelber Farbe, aber niemals leuch-

tend gelb (was vom Einfärben mit Safran kommt) und sieht so aus, wie es dieses spätmittelalterliche Gedicht aus Frankreich verlangt:

Nicht weiß wie Helena
nicht weinend wie Magdalena.
Nicht wie Argus, sondern ganz blind
und schwer wie ein Büffel.
Ohne Augen, ohne Tränen, ohne
Blässe
durchlöchert wie von Motten
zerfressen, rebellisch und von
gutem Gewicht.

Der Käse besitzt fast unsichtbar kleine Löchlein und eine feine Körnung, die ihn von allen anderen Käsesorten unterscheidet. Der Duft der Käsespalten ist zunächst zart und erinnert an die gute Kuhmilch, aus der er gemacht wurde, und öffnet sich dann zu zartem und absolut verführerischem Duft. Der Geschmack ist würzig, aber nicht unverschämt scharf, und das Aroma ist so gut, daß es für das lange Warten entschädigt. Parmigiano Reggiano sättigt und läßt ein tiefes Gefühl des Behagens zurück.

Parmigiano Reggiano: ein Gütezeichen

Im Gebiet südlich des Po und westlich des Flusses Reno, das von den Provinzen

Parma, Modena und Reggio Emilia sowie Teilen der Provinzen Bologna und Mantua eingenommen wird, entsteht der Parmesan, der die offizielle Bezeichnung Parmigiano Reggiano trägt und eine amtliche Ursprungsbezeichnung (Denominazione di Origine Controllata, DOC) erhalten hat. Diese Bezeichnung dürfen nur Käse tragen, die einen bestimmten Qualitätsstandard erfüllen und nach einem genau definierten Verfahren hergestellt wurden. Beides ist im Gesetz Nummer 1269 vom 30. Oktober 1955 festgelegt.

Das Konsortium der Erzeuger entstand 1927 als freiwillige Vereinigung und wurde am 17. Juni 1957 gesetzlich anerkannt. Es kümmert sich um die Forschung, die Entwicklung und um den Schutz des gesamten Herstellungsverfahrens – von der Milchgerinnung bis zum Aufprägen des Gütesiegels *Parmigiano Reggiano* und der Matrikelnummer. Erst wenn der Käse vollkommen ausgereift ist, entscheiden Molkereifachleute über die Qualität des Endprodukts und geben den Käse mit ihrem ovalen Brandzeichen *Consorzio Tutela Parmigiano Reggiano* (»Konsortium zum Schutz des Parmigiano Reggiano«) für den Handel frei.

Der geographische Doppelname hat seinen Ursprung in der Beilegung eines jahrhundertealten Streits. Im Jahre 781 hatte Karl der Große mit einem Dekret die Grenzen der einzelnen Pfarrsprengel festgelegt und dem Bischof von Parma

die Klöster und Pfarreien unterstellt, die später zum kommunalen Einzugsgebiet der Stadt Reggio Emilia gehören sollten. Erst 1828 wurde dieses alte Dekret aufgehoben, um Reggio zu geben, was Reggio gehörte – einschließlich des guten Käses.

Aus diesem Grund heißt der Käse, der einst in den Käsereien der Klöster reifte und heute in modernen Molkereien hergestellt wird, Parmigiano Reggiano DOC.

Aber das ist noch nicht alles. Das Gütesiegel Parmigiano Reggiano DOC hat zwar eine gewisse Klarheit geschaffen und garantiert eine bestimmte Qualität, doch dieses Gesetz gilt nur innerhalb der Grenzen Italiens. Der Käse, der in Deutschland, Frankreich oder England ohne besondere Qualitätsgarantie als »Parmesan« verkauft wird, hat mit dem Original oftmals nicht sehr viel gemeinsam – wenn man nicht gleich von Betrug sprechen will.

Nach der Einführung neuer Schutzmechanismen und neuer Verfahren zur Qualitätskontrolle und -sicherung in allen Ländern Europas erhielten die Erzeuger des Parmigiano Reggiano DOC für ihren Käse die amtliche Ursprungsbezeichnung Denominazione di Origine Protetta (»Geschützte Ursprungsbezeichnung«), die in allen Ländern der Europäischen Union gilt: DOP per UE.

Karl der Große

Wieder einmal ist der Parmesan – oder korrekterweise der Parmigiano Reggiano – der erste italienische Käse, dessen Qualität in ganz Europa garantiert wird. Dies geschieht durch ein Gütezeichen, das auf der Seite der großen Laibe eingebrannt oder auf die abgepackten Stücke gestempelt wird, und somit vor Betrug und unrechtmäßiger Nachahmung schützt.

Geographische Unterschiede

An dieser Stelle sollten wir unser Augenmerk auf die bedeutendsten Unterschiede zwischen den beiden Hauptproduktionsgebieten des DOC-Parmesans, d. h. des Parmigiano Reggiano und des Grana Padano richten. Die beiden Produktionsgebiete sind durch den Flußlauf des Po bestimmt, der das große Gebiet, in dem der Käse geboren wurde und immer noch hergestellt wird, in zwei Hälften teilt. In der Folge unterschied man dann die einzelnen Produktionsgebiete rechts und links des Flusses Reno, die in den Provinzen Mantua und Bologna liegen. Die beiden DOC-Käse unterscheiden sich nicht nur durch ein spezielles Gütesiegel, sondern auch durch Herstellungs- und Kontrollverfahren, über die die jeweiligen Schutzkonsortien wachen.
Der Grana Padano wird in 27 Provinzen in Piemont, Lombardei und Emilia Romagna hergestellt, die überwiegend nördlich des Po und östlich des Reno liegen. Der Käse erhielt seine amtliche Ursprungsbezeichnung Denominazione di Origine Controllata DOC durch das Gesetz Nummer 1269 vom 30. Oktober 1955. Ein Dekret vom 26. Januar 1987 erweiterte dann die amtliche Ursprungsbezeichnung auch auf die autonome Provinz Trient, in der nun der Grana Trentino hergestellt wird.
Das Konsortium der Erzeuger des Grana Padano kümmert sich um Forschung,

die Entwicklung und die Qualitätssicherung des Herstellungsverfahrens. Sein Gütesiegel hat die Form einer Raute und trägt die Aufschrift »Grana Padano«. Der Käse wird in zentralen Molkereien von industriellem Zuschnitt herge-

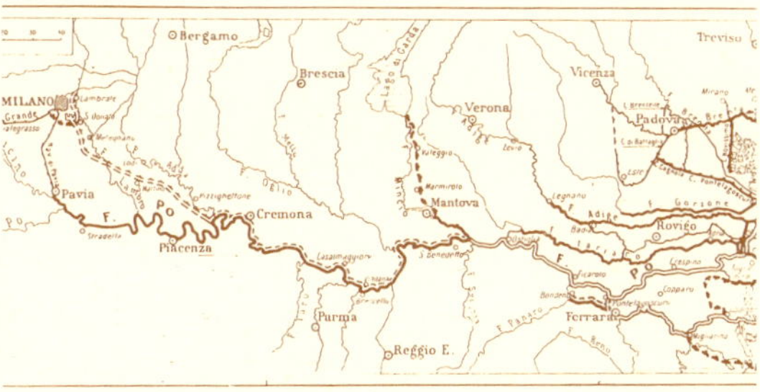

stellt. Man verwendet ausschließlich Milch von Kühen, die überwiegend mit Heu und Silage gefüttert werden dürfen. Auf diese Weise ist man vom Vegetationszyklus unabhängig und kann das ganze Jahr über Käse herstellen. Außerdem ist die Beimischung von Zusätzen erlaubt, die unerwünschte Gärprozesse unterbinden, die die Käselaibe sprengen oder die Reifung stören könnten. Der junge Grana Padano ist cremiger als der Parmigiano Reggiano und hat eine weißliche bis strohgelbe Farbe, ein zartes Aroma, einen würzigen, aber nicht stechenden Geschmack. 1992 wurden 80 000 Tonnen Grana Padano hergestellt.

Der Parmigiano Reggiano dagegen wird in Betrieben hergestellt, die über das ganze Produktionsgebiet verteilt sind. 700 Käsereien mit mehr als 3500 Molke-

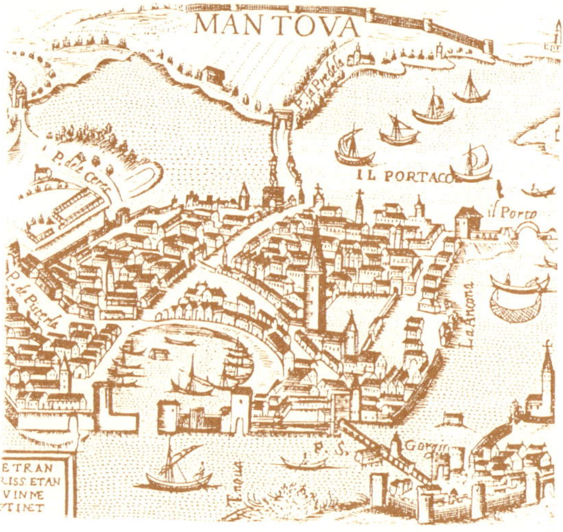

reien in unmittelbarer Nähe von Bauernhöfen und Weideflächen erzeugten bis 1975 ausschließlich den Sommerkäse in den Monaten Mai bis November. Seither ist die ganzjährige Produktion erlaubt. Doch die Produktionsbestimmungen sehen als Hauptnahrungsquelle für die Kühe nach wie vor ausschließlich frisches Futter vor und verbieten den Einsatz von Konservierungsmitteln jeglicher Art.

1995 wurden 98 522 Tonnen Parmigiano Reggiano hergestellt, davon stammten 22 027 Tonnen Käse von der Milch von Kühen, die frei in den Bergen weiden.

Ein Stoff für Kochbücher und Abenteuerromane

In Küchen, in Büchern und auf Marktständen aller Epochen und Länder findet man zahlreiche Zeugnisse über den Parmesankäse. Gesandte und Köche, Literaten und Historiker, reiche Kaufleute und arme Auswanderer, illustre Persönlichkeiten oder geniale Betrüger freuen sich am König der Käse. Ein Ausgabenregister der Stadt Florenz aus dem Jahr 1344 listet Parmesan unter

Giovanni Boccaccio

den Speisen für die Stadtväter auf. Unter den Wundern, die dem Calandrino auf der Suche nach der Sonnenblume erzählt und im *Dekameron* wiedergegeben werden, liest man: »... im Berlinzone der Baschi, in einer Grafschaft, die sich Bengodi nannte und wo die Reben mit Würsten festgebunden werden und man eine Gans für eine Münze und eine Ente dazu bekommt, gab es einen Berg aus geriebenem Parmesan, auf dem Leute standen, die nichts anderes taten als Maccheroni zu essen …«

De honesta voluptate (dt. *Von der anständigen Lust*) erschien Mitte des 15. Jahrhunderts als erstes Kochbuch in gedruckter Form. Es ist in lateinischer

Sprache verfaßt, weil es sich an wohlhabende Humanisten wendet, die Tafelfreuden nicht abgeneigt waren. Der Autor Bartolomeo Sacchi, genannt Il Platina, rühmt dort die Qualitäten von Käse, besonders des Sommerkäses, der sich zum Backen von kleinen Fladenbroten eignet: »… casei parmensis, non nimium duri parum, tantundem recentis« (»nicht

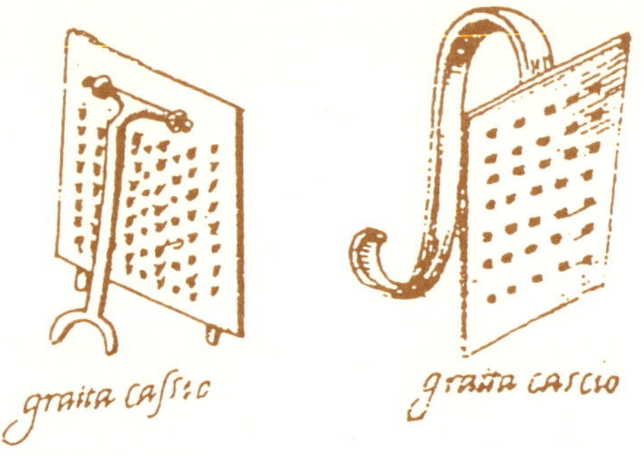

zu reifer und frischer Parmesan zu gleichen Teilen«).

Il Platina

Bartolomeo Scappi, »Geheimkoch« von Papst Pius V. zählt in seiner *Opera* erstmals »gewundene, kleine und große Käsereiben« als »unverzichtbare Küchengerätschaften« auf. In seinen Rezepten erwähnt er »geriebenen Parmesankäse für die Herstellung von Tortelletti mit einer Füllung aus Schweinefleisch, vulgo Anolini genannt«.
Im *Grand Dictionnaire de Cuisine* wird von Alexandre Dumas, dem Autor der *Drei Musketiere*, Parmesan empfohlen.
In seiner *Physiologie des Geschmacks* erzählt Brillat-Savarin: »Ohne jedes Verdienst konnte ich ihnen zwei Überraschungen schaffen: Parmesan zur Suppe und dazu ein Glas trockenen Madeira.« Diese Überraschung lohnt es sich in der Tat nachzuahmen.

Pellegrino Artusi empfahl in seinem »praktischen Handbuch für Familien« *Von der Wissenschaft des Kochens und der Kunst des Genießens* den reichlichen Gebrauch von »geriebenem Parmesan«. Bei den Nudeln und Suppen finden sich die Anolini di Parma, Nudeltäschchen, die mit geriebenem Parmesan gefüllt werden. Er nennt dieses Rezept, das ihm eine Leserin aus Parma geschickt hat, ein »feierliches Familienritual« (s. dazu die Anolini di Parma im Rezeptteil).

In Sammlungen traditioneller Regionalrezepte sieht man immer wieder die vielfältigen Einsatzmöglichkeiten von Parmesan und erkennt, daß der Käse längst nicht nur in seiner Ursprungsregion, sondern in ganz Italien verwendet wird. Die berühmte Parmigiana di melanzane (ein Auberginenauflauf) stammt denn auch aus Kampanien und nicht aus der Emilia, wie ihr Name nahelegen könnte.

Und selbst im Roman *Die Schatzinsel* empfiehlt Robert Louis Stevenson Mitte des 19. Jahrhunderts, »ein Stückchen Parmesankäse« gut verschlossen in einem Beutel als Überlebensration für Extremsituationen mitzunehmen.

In berühmten Städten und großen Metropolen

Parmesan ist in vielen großen Städten zu Hause. Von Venedig erreichte der geschätzte Käse Konstantinopel, wo er von berühmten Kaufleuten vertrieben oder einem reichen Pascha zum Geschenk gemacht wurde. Am prunkvollen Pariser Hof empfahlen die professionellen Vorkoster, die den König vor Vergiftungen schützen sollten, den großen Käselaib zum Verzehr, weil sie wußten, daß sie auf Nummer Sicher gehen konnten und sich nicht blamieren würden.

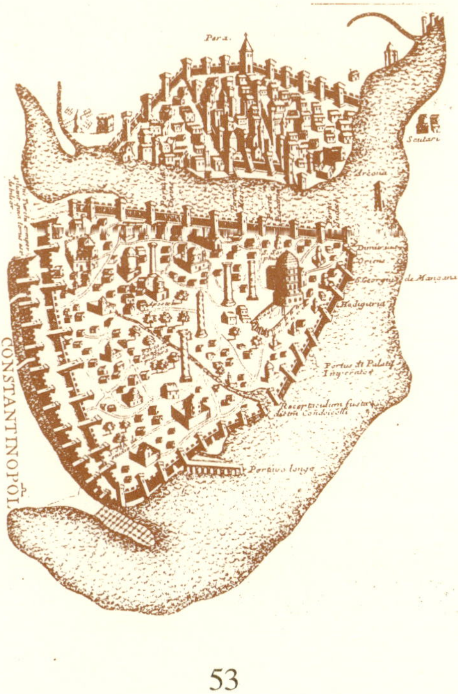

In Wien brachte ein Edikt, das Kaiserin Maria Theresia den Einwanderern aus der Emilia für den Verkauf von Feinkost zugestanden hatte, den Parmesan in den Prater, wo sogenannte »Parmesanucci« Parmesan und später Käse aller Art auf eigenen Verkaufsständen feilbieten durften.
Am Hof von Queen Victoria schätzte man den Parmesan in Aufläufen und Suppen, und später diente der Käse auch als Vergleichsgegenstand für andere kulinarische Spezialitäten. Daniel Defoe empfiehlt denn auch, den heimischen Stilton wie »englischen Parmesan« zu genießen.
In den Reiseaufzeichnungen von Casanova bis zu Karl Baedeker, in allen berühmten Reiseführern, die seit Beginn des 19. Jahrhunderts geschrieben wurden, wird unter den vielen sehenswerten Kunstschätzen und Baudenkmälern immer auch der Parmesan erwähnt, den man »in guten und traditionellen Gaststätten verkosten« solle.

In den Jahrhunderten vor der Einführung der Tomaten werden die neapolitanischen Maccheroni nur mit »robustem geriebenem Parmesankäse« bestreut und von einem gefräßigen Pulcinella verspeist.
Selbst in einer modernen Großstadtküche der heutigen Zeit liegt stets ein Stückchen Parmesan im Kühlschrank. Es ist in einen Leinen- oder Baumwollbeutel gehüllt, damit das Aroma erhalten bleibt und sich kein Schimmel bilden kann. Wenn italienische Eltern ihren Kindern ein Stückchen Parmesan reichen, wird aus dem Käse ein wertvoller Edelstein, den die sieben Zwerge aus

dem Bergwerk gebrochen haben. Und trotz böser Zaubersprüche und böser Stiefmütter ist es nicht gelungen, in irgendeiner anderen Region der Welt einen gleichwertigen Parmesan herzustellen.
Wie in allen Märchen steckt auch in diesem ein Körnchen Wahrheit. Denn viele große Käselaibe wurden Päpsten und Prinzen als wertvolles Geschenk wie ein Edelstein dargereicht. Als italienische Auswanderer in Argentinien versuchten, in den Pampas einen »Reggianito« herzustellen, mußten sie erkennen, daß er nichts mit dem König der Käse aus ihrer Heimat gemeinsam hatte.

VON DER MOLKEREI AUF UNSEREN TISCH

Der Käser

Die besondere Konsistenz des Parmigiano Reggiano DOC und DOP per UE, den man an seiner strohgelben Farbe, feinen Körnung und angenehmen Trockenheit, seinem zarten Aroma und würzigen Geschmack erkennt, ist weder ein Geheimnis noch das Ergebnis des Zufalls.

Die typischen Eigenschaften des Parmesans sind das Ergebnis neuer Entdeckungen, handwerklichen Könnens, technologischer Innovationen und qualitätsorientierter Entscheidungen, die im Lauf des Herstellungsprozesses immer wieder auftreten.
Im Gegensatz zum allgemeinen Mechanisierungstrend in der modernen Lebensmittelherstellung geht heute noch jeder einzelne Käselaib durch die Hände all derer, die auch persönlich dafür verantwortlich sind: vom Bauern, der gutes Futter anbaut, über den Viehzüchter, der gesunde Kühe aufzieht, bis zum Melker, der sich um Melken und Milchtransport kümmert, und hin zum Käser, der die Milch zu einem zuverläs-

sigen und hochwertigen Produkt verarbeitet.
Die Figur des Käsers ist im folgenden Gedicht, das Luigi Ferrari im Dialekt verfaßt hat, wohl etwas idealisiert beschrieben:

Man sieht ihn in der Milchkammer
mit entschlossener Miene
die Milch verarbeiten, fröhlich und zufrieden
stark und kräftig, in Hemdsärmeln
von früh bis spät, immer lächelnd.

In der Molkerei

Wenn man einen Einblick in die Milchverarbeitung gewinnen möchte, sollte

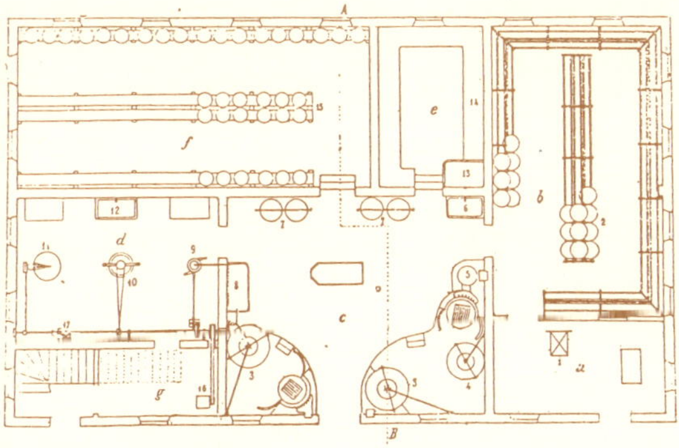

man einmal am frühen Morgen die Milchverarbeitungsanlagen einer modernen Molkerei im Produktionsgebiet des Parmigiano Reggiano besuchen. Diese Molkereien sind praktisch die Nachkommen der alten Käsereien der Klöster und liegen nicht weit von den

Milchbauernhöfen entfernt, von denen sie beliefert werden. Nach den Produktionsbestimmungen wird die Milch der Kühe, die »nur mit gemischten Wiesenkräutern oder mit Luzerne gefüttert werden dürfen«, nur zu bestimmten Jahreszeiten für die Herstellung des Parmigiano Reggiano verwendet.
In der Molkerei kann man sehen, wie der Käser die Milch verarbeitet.
Die Molkereiräume sind gut beleuchtet, die metallenen Gefäße und Instrumente, die sich im Laufe der Jahrhunderte zu ihrer heutigen Form entwickelt haben, glänzen und sind zur Herstellung der großen Käselaibe bereit. Die große Maschine zur Rahmverarbeitung und das kleine Analyselabor sind die einzig wirklich modernen Einrichtungen.
Die Milch, die in großen, flachen Wannen gesammelt wird, hüllt das gesamte Gebäude in einen intensiven Geruch. Die Hälfte der benötigten Milch wird am Vorabend vorsichtig angeliefert (Milch darf nicht geschüttelt werden, damit keine unerwünschten Gase entstehen) und vom Molkereifachmann analysiert. Dann ruht sie über Nacht in den Tanks, in denen der Rahm abgeschieden wird, und die erste Gärung beginnt.
Der genaue Füllpegel der Tanks wird je nach den chemischen Eigenschaften der Milch von Fall zu Fall neu festgelegt. Wichtige Faktoren sind Temperatur und Jahreszeit, Feuchtigkeitsgehalt der Luft sowie Be- und Entlüftung.

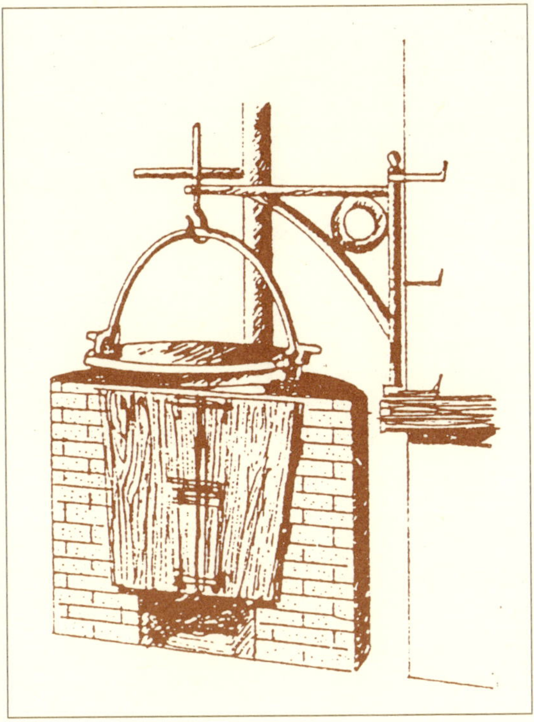

Die zweite Hälfte der Milch wird angeliefert und wieder analysiert, damit die passende Ruhezeit festgelegt werden kann. Denn aus beiden Milchlieferungen soll zu jeder Jahreszeit eine entrahmte Milch mit einem um mehr als 2 Prozent niedrigeren Fettgehalt entstehen.
Der Milcherhitzer, in dem die Milch erwärmt wird, ist noch leer, seine doppelten Kupferwände, zwischen denen heißer Dampf zirkuliert, glänzen. Sein Fassungsvermögen beträgt rund zwölf Doppelzentner Milch, was für zwei Käselaibe ausreicht. Der Erhitzer sieht wie eine umgestürzte Glocke aus, verjüngt sich nach oben und ist unten fast zylindrisch, damit der Bruch in die richtige

Form gepreßt werden kann. Am Rand ist ein kleiner Motor angebracht, der ein Rührwerk antreibt und am Schluß die Reinigungsbürsten in Bewegung setzt.
Beim Erhitzen wird die Milchmasse über ein Holzrad ständig bewegt, damit die Hitze, die von den Wänden abstrahlt, und die Molke, die zugesetzt wird, gleichmäßig verteilt werden können. Dieses Verfahren wurde von einem berühmten Molkereifachmann namens Giuseppe Notari Ende des 19. Jahrhunderts erstmals angewandt. Er setzte die Molke der vorausgegangenen Milchaufbereitung zu, weil sie reich an nützlichen Bakterienkulturen und sehr säurehaltig ist. Dadurch kann man die Säure der Milch regulieren, was zu einer besseren Gerinnung und Gärung führt.
Zeit, Temperatur, Feuchtigkeit, Be- und Entlüftung, Säure, Fettgehalt und der jeweils aktuelle Stand der Verarbeitung werden ständig vom Molkereifachmann

geprüft. Er entnimmt dazu regelmäßig Proben und verkostet sie mit solch sicherem Gespür, das chemische Analysen fast überflüssig erscheinen läßt. Er ist es denn auch, der von Fall zu Fall rasch wichtige Entscheidungen treffen können muß.
Wenn die richtige Temperatur von 30–35°C erreicht ist, wird die Milch mit Lab dickgelegt, der mit seinen Enzymen die Umwandlung der Proteine in Gang setzt.

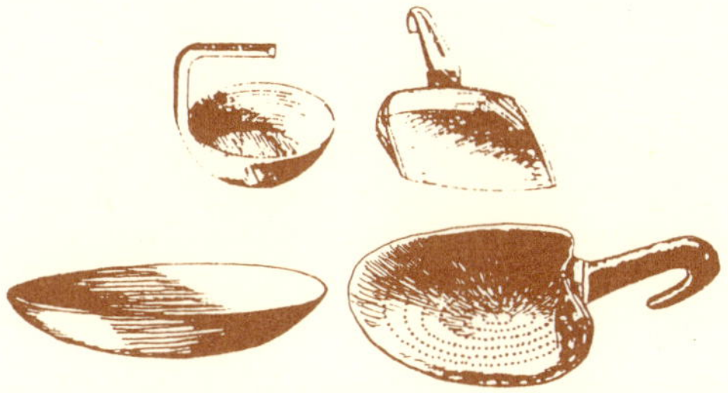

Die erste Teigbildung

In knapp 30 Minuten gerinnt die Milch. Die Struktur der Kaseine, einige Milcheiweiße, verändert sich durch das Erhitzen und erzeugt ein Maschennetz, das sich in der durch den Lab gesäuerten und mit Enzymen angereicherten Umgebung zusammenzieht und Fette, Vitamine, Mineralstoffe (vor allem Kalzium und Phosphor) und andere Spurenelemente, die für die richtige Gerinnung wichtig sind, umschließt. Sie ist schließlich verantwortlich für den besonderen Teig und den hohen Nährwert des Käses.
Im richtigen Augenblick nimmt der Kä-

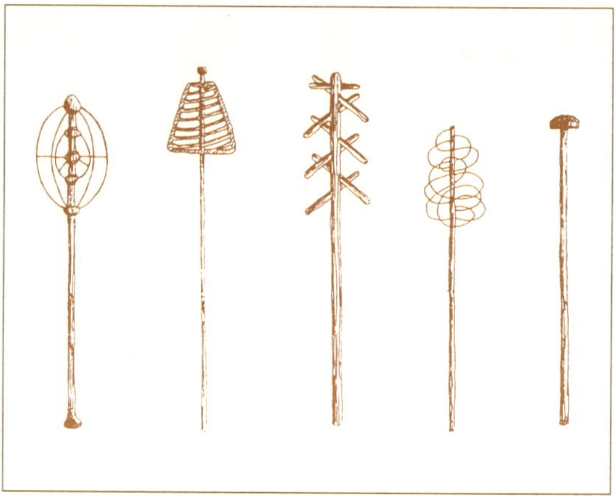

ser den Bruch heraus und scheidet die Molke ab. Dazu wird der Bruch mit einem sogenannten »Spino-Notari«, der an einen Schneebesen erinnert, geschnitten. An dem Stöckchen sitzen besondere Stahlklingen, die den Bruch, ohne zu brechen, schneiden können.
Die Bezeichnung »Spino-Notari« leitet sich ab von den Weißdornruten (*spino*, »Dorn«), die früher für diesen Zweck verwendet wurden, und von ihrem bereits oben erwähnten Erfinder Notari. Der Bruch wird kraftvoll und doch vorsichtig mit der Bruchschüssel umgedreht und in immer feinere Körner zerkleinert: Was anfangs so groß wie Weintrauben ist, sieht später aus wie Getreidekörner, dann wie Hirse und wird immer kleiner, darf aber nicht zu Pulver zerstoßen werden, sondern bildet schließlich einen kompakten Teig mit feiner Körnung.

Die Milcherhitzung

Mit Händen und Rührwerken wird die Milchmasse dann wieder im Milcherhitzer bewegt, damit die Wärme, die durch den heißen Dampf zwischen den doppelten Kesselwänden entsteht, gleichmäßig verteilt wird. Jetzt beginnt das eigentliche »Kochen«, bei dem weitere Molke abgeschieden wird.

Die Masse wird langsam auf 56°C erhitzt. Bei dieser Temperatur werden verschiedene Milchsäurebakterien aktiviert, die Laktose abbauen und den unverdaulichen Milchzucker in Milchsäure verwandeln. Diese wiederum bildet wertvolle Mineralstoffe, vor allem Kalzium, die

auch von denjenigen vertragen werden, die das Enzym Laktase nicht bilden können. Dieser langsame Gärungsprozeß setzt sich während der gesamten Reifezeit des Käses fort und macht Fette und Eiweiße haltbar und bekömmlich.
Während die Milch das zweitemal erhitzt wird, entnimmt der Käser erneut Proben und beobachtet die Entwicklung des Teiges, der eine strohgelbe Farbe annimmt und die richtige, etwas rauhe Konsistenz erhält. Außerdem kontrolliert er die gleichmäßige Erwärmung der Milchmasse, die keinesfalls anbrennen darf.

Der Bruch

Seit der ersten Gerinnung ist nun fast eine Stunde vergangen. Der Kessel ist abgeschaltet, und der Käser entfernt die Flüssigkeit, die sich oben absetzt. Der Bruch hat nun Zeit, sich am Boden des nahezu zylindrischen Kessels zu sammeln. Mit einer Holzschaufel preßt der Käser den Bruch sanft zusammen, dann hebt er ihn mit einem Leinentuch heraus. Jetzt wird der Bruch immer wieder gewendet, um die Qualität der Ober- und Unterseite einzuschätzen, die Elastizität und Konsistenz zu prüfen und noch weitere Molke abzuscheiden, bis nur noch eine klare und helle Flüssigkeit abfließt. Endlich taucht die große Kugel auf, aus der einmal ein Parmigiano wird.

Wieder einmal sind es Sehsinn, Geschmackssinn und Tastsinn, die bestimmen, wann die Masse in zwei Hälften geschnitten werden soll. Der Schnitt läßt von weitem eine außergewöhnliche Konsistenz erahnen. Der Bruch wird nun

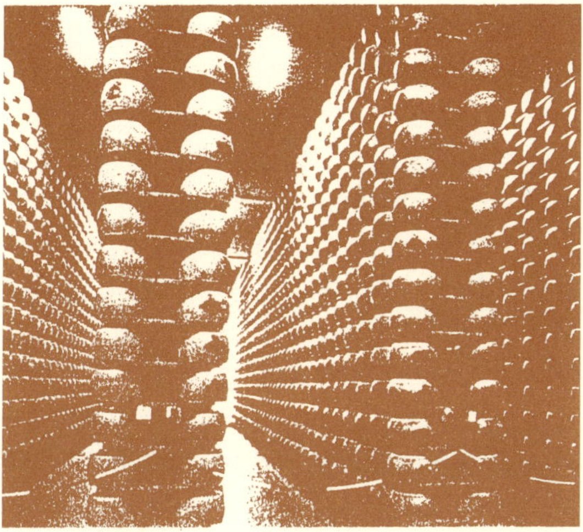

in ein glattes Tuch, das keine Falten bilden darf, gehüllt und mit entsprechenden Gewichten immer stärker gepreßt, bis die beiden Hälften ihre Laibform erhalten.
Der Laib wird zuerst alle 30 Minuten, dann alle 60 Minuten, schließlich alle zwei Stunden und dann immer seltener gedreht und gewendet, bis er gesalzen wird. Dabei werden stets Feuchtigkeit und Temperatur der Umgebung geprüft, damit die Haut nicht reißt und dadurch die Qualität der späteren Rinde beeinträchtigt.

Die Presse war früher eine einfache Arbeitsbank. Heute ist sie aus synthetischem Material und kann auch gleich die notwendigen Angaben auf die Käserinde prägen: Name, Monat und Jahr der Herstellung, Matrikelnummer der Molkerei und des Käsers. Diese Daten sind wichtig, damit der Käse während seiner gesamten Reifezeit immer wieder kontrolliert werden kann und gewissen Qualitätsstandards entspricht.
Die morgendliche Arbeit in der Käserei ist jetzt beendet. Die Räume werden gelüftet, die Instrumente und Anlagen peinlich genau gereinigt, damit Kupfer und Edelstahl wieder glänzen, sobald die neue Milch geliefert wird.
Der Käselaib scheidet im Lauf der folgenden drei Tage immer mehr Molke aus. Dann beginnt das Salzen. Dadurch kontrolliert man die Bakterien, die das Reifen des Käses beeinflussen, sowie Haltbarkeit, Konsistenz und Geschmack.
Zum Einsalzen wird der Käse in eine Kochsalzlösung getaucht. Dabei verwendet man reines und hochwertiges Natriumchlorid, das frei von anderen Mineralstoffen sein muß, um eine unangenehme Geschmacksentwicklung zu vermeiden. Temperatur, Konsistenz, Geruch, Schweißbildung des Käses fallen zu jeder Jahreszeit anders aus und werden vom Käser einzeln bewertet, damit der Laib schließlich in den hohen Lagerräumen reifen kann. Während der

sechs bis sieben Monate, die er auf Holzregalen ruht, wird er immer wieder gewendet und gebürstet und geprüft.
In dieser Zeit leisten auch die Bakterien und Streptokokken ihre Arbeit. Immer langsamer bauen sie Eiweiß, Fett und Laktose ab, bis schließlich ein Käse mit besonders vielen leicht verdaulichen Substanzen entsteht. Für Kinder während der Wachstumsperiode, für Alte und Kranke und für Hochleistungssportler stellt der Parmigiano Reggiano die ideale Ernährung dar.

Ein wertvolles Gut

Nach den Reifemonaten verlassen die Käselaibe die Käserei und kommen zum Ausreifen in spezielle Lager. Dort bleiben sie ungefähr zwei Jahre. Jeder einzelne Laib wird in regelmäßigen Abständen alle zwei bis drei Tage gewendet und von eigens konstruierten Robotern, die

zwischen den Regalen hin- und herfahren, abgebürstet.
Professionelle »Klopfer« und Verkoster prüfen mit ihrem Hämmerchen, ihrer Schraubnadel und Sonde immer wieder den Zustand des Käses. Klang, Aroma, Geschmack und Konsistenz eines jeden einzelnen Käselaibs werden kontrolliert, bis der Parmigiano Reggiano die für das Gütesiegel notwendige Qualitätsstufe erreicht hat.
Ein einzelner Käselaib mit Gütesiegel ist inzwischen so wertvoll, daß er als Zah-

lungsmittel, als Garantie für eine Hypothek und an der Börse gehandelt wird und für andere Bankgeschäfte herhalten darf.
Die Reifelager für Parmigiano Reggiano sind daher wie der Tresorraum einer großen Bank mit allen modernen Einrichtungen wie Klima- und Alarmanlagen sowie Brandschutzanlagen ausgestattet. Die größte dieser Parmesanbanken kann 220 000 Formen lagern, die einen Gesamtwert von mehr als 200 Mil-

lionen Mark darstellen. Doch mehr als ihr Wert in Geld betört immer noch der unglaublich harmonische und schmeichelnde Duft, den die vielen Käselaibe ausströmen. Wenn man durch die Gänge des Lagers läuft, kann man diesen schlaraffenlandähnlichen Überfluß kaum erfassen und wünscht sich ein kleines Käsemesser, eine Sonde oder eine Nadel ... aber die Geschichte geht noch weiter.

Ein Käse voll guter Eigenschaften

Mehrmals wurde bereits erwähnt, daß der Parmigiano Reggiano nicht irgendein Käse unter vielen ist, sondern eine in vieler Hinsicht einzigartige Käseklasse darstellt: Seine Geschichte ist eng mit einer regelrechten landwirtschaftlichen Revolution verbunden; die Verarbeitung ist an einen bestimmten Landstrich gebunden und erfolgt zum Teil noch von Hand; die lange Reifezeit; die Ausmaße des Käselaibs; seine organoleptischen Eigenschaften; sein Aroma und Geschmack; der besondere Teig und die winzigfeine Körnung.
Sehen wir uns nun einmal die typischen Nährwerte an, die uns helfen, den Parmesan möglichst nutzbringend einzusetzen. Parmigiano Reggiano enthält weniger Wasser und mehr Eiweiß als jeder andere Käse und besitzt daher mehr Nährstoffe und einen höheren Nährwert. Die Eiweiße sind zudem von hoher

Qualität, stehen in einem ausgewogenen Verhältnis und sind dank der langen Reifezeit leicht bekömmlich. Die Proteine des Parmesans ergänzen die pflanzlichen Eiweißstoffe, weshalb es ernährungsphysiologisch durchaus sinnvoll ist, eine Gemüsesuppe oder einen Teller Nudeln (ganz so wie Pulcinella) mit geriebenem Parmesan zu bestreuen.

Jüngere Studien ergaben außerdem, daß die natürlichen Enzyme, die dem Parmigiano Reggiano mit der Molke zugesetzt werden, nach einer Reifezeit von 15–18 Monaten bei bakteriellen und viralen Infektionen des Darmbereichs therapeutische Wirkung zeitigen. Bei Kleinkindern kann der Käse als sinnvoller Ersatz für Antibiotika angesehen werden. Nach 15 Monaten erfolgt ein weiterer Abbau der Proteine, bis die Aminosäuren freigesetzt werden, die leicht bekömmlich sind und die Verdauung fördern. Man soll deshalb Parmesan entweder als Antipasto oder zum Dessert essen.

Aufgrund seines Fettgehalts gilt Parmesan als halbfetter Käse, denn er besitzt weniger Fette als jeder andere Käse, mit Ausnahme von – um in Italien zu bleiben – Mozzarella und Stracchino. Infolge der Gär- und Reifeprozesse handelt es sich jedoch um ernährungsphysiologisch wertvolle niedrige Fettsäuren, die sofort in Energie umgewandelt werden können. Insgesamt enthält Parmigiano

Reggiano mehr Eiweiß, weniger Fett und weniger Cholesterin als alle anderen Käsesorten mit Ausnahme von Mozzarella. 50 Gramm Parmesan enthalten genausoviel Eiweiß, aber weniger Cholesterin als 100 Gramm Fleisch oder Fisch.
Parmesan enthält viel Kalzium und ausreichend Phosphor, weshalb er vor Osteoporose und vor Muskelschwund

im Alter schützen kann. Er ist also ein ideales Nahrungsmittel für ältere Menschen.
Frisches Futter, der Verzicht auf künstliche Zusätze und eine schonende Verarbeitung führen zu einem Käse mit höherem Gehalt an den Vitaminen A, B_6 und B_{12} und Beta-Karotin, die für das Wachstum nützlich sind und als Schutz vor Krankheiten und schädlichen Umweltfaktoren dienen.
In winzigen Mengen sind im Parmigiano Reggiano auch die sogenannten Mikroelemente, zahlreiche Spurenelemente wie Eisen, Selen und Zink enthalten, die für den menschlichen Organismus von großer Bedeutung sind. Der Gehalt an Natrium, das bei Bluthochdruck schädlich sein kann, wird heute nicht mehr dem Zufall überlassen. Das Einsalzen erfolgt bei geregelten Temperaturen und hängt nicht mehr wie früher von der Jahreszeit ab. Die hohen Sommertemperaturen erleichterten früher das Eindringen von Salz in den Käse, während im Winter nicht genügend Salz eindrang; nur der Frühjahrskäse enthielt genau die richtige Menge Salz.
Parmigiano Reggiano ist für Menschen jeden Alters verträglich und kann bereits zahnenden Säuglingen verabreicht werden, die für ihre Entwicklung besonders viel Kalzium brauchen. Außerdem lernen die Kinder dann schon früh verschiedene Aromen kennen, wie es sich für jeden gebildeten »Allesfresser« gehört.

Man kann den Käse zunächst fein reiben und unter den Babybrei mischen, später dann gröber reiben, in Stäbchen schneiden und schließlich als Stücke verabreichen: Vitamine, Kalzium und Phosphor, Eiweiß und Fett sind hier aufs beste vereint. Wenn Sie Parmesan kochen wollen, sollten Sie immer etwas Flüssigkeit beimengen, damit der Käse nicht zu heiß wird und seinen zarten Geschmack und seine wertvollen Nährstoffe verliert.

Parmigiano Reggiano ist zudem die Grundzutat für viele traditionelle und moderne Speisen. Am interessantesten schmeckt er aber »mit der Nase«. Geben Sie eine großzügige Portion frisch geriebenen Parmesan über einen Teller Pasta asciutta, der nur mit Butter oder Olivenöl und frischen Tomaten angerichtet wurde. Sehr gut schmecken dazu auch die frischen und zarten Gewürzkräuter

der Saison. Mischen Sie Majoran und abgeriebene Zitronenschale unter den Parmesan, den Sie über eine Zucchinisuppe streuen; geben Sie wilden Fenchel und Peperoncino zusammen mit Parmesan über Spaghetti mit Öl, Knoblauch und Sardellen; Rosmarin und gehackte Pinienkerne ergänzen den Käse, den Sie zu Penne mit Knoblauch, Olivenöl und frischen Tomaten reichen; gehackter Thymian, Petersilie und Kapern verfeinern einen Vollkornreis mit Parmesan, Knoblauch und Öl.

Wenn Sie ein großes Fest für viele Gäste ausrichten, sollten Sie sich nicht scheuen und einmal eine ganze Parmesanform auftragen lassen. Bieten Sie niemals nur irgendeinen Käse an, der bei Tisch in Scheiben geschnitten und entrindet werden muß. Denn dann bleiben die Rinden auf den Tellern liegen, was unordentlich und nicht sehr appetitlich aussieht. Nur der Parmigiano Reggiano besteht auch allein auf einer festlichen Tafel. Der große Käselaib sieht an sich schon beeindruckend aus, wenn er in zwei Hälften geteilt wird und in seiner Rinde ruht. Wenn dann mit dem kleinen mandelförmigen Messer einzelne Stückchen abgespalten werden, glaubt man sich im Schlaraffenland.

Reichen Sie dazu verschiedene Brotsorten und im Winter Rosinen, getrocknete Feigen, Pinienkerne und Nüsse; im Sommer Radieschen, Möhren, Gurken oder Bleichsellerie; und trinken Sie dazu einen frischen Prosecco oder trockenen Muskateller, einen Malvasia frizzante oder einen Lambrusco.

Wenn Sie im kleinen Freundeskreis feiern, setzen Sie ein schönes Brett aus Olivenholz oder einem anderen dekorativen Material auf den Tisch und bestücken Sie es mit den verführerischen Parmesanhappen. Jeder Gast kann sich dann mit dem kleinen mandelförmigen Messer ein Stückchen abbrechen, ohne Rindenstückchen auf seinem Teller zu hinterlassen. Die ganze Käserinde können Sie anschließend in einem würzigen Minestrone auskochen.

REZEPTE

FÜR DIE KLEINSTEN

Ein Brei für jede Jahreszeit

Zutaten: 1 Möhre, 1 Scheibe Kürbis, 1 Prise gehackter Majoran, 1 EL Reismehl, 1–3 TL gereifter und frisch geriebener Parmigiano Reggiano, 1 EL Olivenöl

Das Gemüse mit dem Reismehl in wenig Wasser garen, dann durch eine Gemüsemühle passieren und mit dem Parmesan und dem Öl zu einem glatten Brei verrühren. Nehmen Sie dafür keine Küchenmaschine, weil dadurch zuviel Luft in den Brei gerät, die bei den Kleinen zu Blähungen führen kann.

Mit frischem Gemüse und Kräutern der Saison können Sie nach demselben Schema Breis in verschiedenen Farben zubereiten. Grün: mit Mangold, Erbsen und Melisse; Weiß: mit Kartoffeln, Zwiebeln und Salbei; Rosa: mit Tomaten und Basilikum.

Ricotta mit Tomaten

Zutaten: 2 frische Tomaten oder 1/2 Tasse Tomatenstückchen aus der Dose, 1 Prise Zucker, 1/2 TL frisch gehackte Gewürzkräuter, z. B. Melisse, Thymian, Schnittlauch, Petersilie, Basilikum, Minze oder Dill, Olivenöl, 50 g Ricotta, 1 EL frisch geriebener Parmigiano Reggiano
Die Tomaten 3 Minuten mit dem Zucker und mit dem Gewürz nach Wahl durchkochen. Durch die Gemüsemühle passieren, dann das Öl hinzufügen. Ricotta und Parmesan vermischen, in ein Förmchen pressen und auf einen Teller stürzen. Mit den Tomaten umkränzen. Dieses schnelle Gericht schmeckt auch großen Kindern.

Käsehäppchen

Zutaten: 1 l Milch oder 3/4 l Gemüsebrühe, 1 Prise abgeriebene Zitronenschale, 1 Kartoffel, 150 g Weizen- und Reismehl, 4 EL frisch geriebener Parmigiano Reggiano, 1 Prise gehackte Petersilie, Olivenöl, Semmelbrösel

Milch oder Gemüsebrühe zum Kochen bringen. Die Zitronenschale und die gewürfelte Kartoffel hinzufügen. Sobald die Milch kocht, das gesiebte Mehl hineinrieseln lassen und unter ständigem Rühren 15 Minuten durchkochen, damit sich keine Klümpchen bilden. Vom Herd nehmen und fein geriebenen Parmesan und Petersilie unterrühren. Den Teig einen Zentimeter dünn auf ein Blech streichen, abkühlen lassen und in Stücke schneiden. Mit Olivenöl, etwas Parmesan und Zitronenschale anrichten.
Variante: In Semmelbröseln panieren und im Ofen goldbraun überbacken.

Parmesanbällchen

Zutaten: 2 Artischocken, 50 g Ricotta, 5 EL geriebener Parmigiano Reggiano, 1 Prise gehackte Petersilie, 1 TL gehackte Pinienkerne, 1 Eiweiß, Semmelbrösel, Olivenöl
Artischocken putzen und weich garen oder dämpfen. Durch die Gemüsemühle passieren und mit Ricotta, Parmesan, Petersilie, Pinienkernen und dem zu Schnee geschlagenen Eiweiß vermischen. Zu Bällchen formen, in Semmel-

bröseln panieren und mit etwas Olivenöl im Ofen gratinieren.
Andere Gemüse-Gewürz-Kombinationen: Fenchel und Muskat, Kartoffel und Rosmarin, Kürbis und Majoran ... oder: statt Gemüse gesottenes Hühner- oder Rindfleisch verwenden.

ZARTE VERSUCHUNGEN
Ruzzoline

Zutaten: 100 g fein geriebener Parmigiano Reggiano, 100 g Butter, 200 g Ricotta, Muskat, grobes Paniermehl
Parmesan, Butter und Ricotta vermischen und mit Muskat würzen. Zu Bällchen formen, leicht flachdrücken und kühl stellen. Unmittelbar vor dem Verzehr herausnehmen und in etwas Parmesan und geröstetem Paniermehl wenden.

Picknick-Happen

Zutaten für 2 Personen: 50 g weiche Butter, 50 g fein geriebener Parmigiano Reggiano, 4 dünne Scheiben Toastbrot, 1 Selleriestengel, halbe Sellerieknolle, 1 Bund Radieschen, schwarze Oliven

Butter und Käse vermischen und auf drei Toastscheiben verstreichen. Übereinanderschichten und mit der vierten Toastscheibe abdecken. In eine Serviette schlagen, mit einem Gewicht beschweren und kühl stellen. Das Gemüse putzen, zurechtschneiden und zu kleinen Päckchen zusammenstellen, die in Alufolie gewickelt werden.

Brot und Rohkost in der Kühlbox transportieren. Das Gemüse zusammen mit den in Happen geschnittenen Broten anrichten.

Ricottacreme mit Gemüserohkost

Zutaten für 6 Personen: 300 g Ricotta, 100 g reifer Parmigiano Reggiano, 1 Eiweiß, 3 rohe Zucchini, 300 g Radicchio, Salz, Olivenöl, Zitronensaft, Schnittlauch

Ricotta und mittelfein geriebenen Parmesan sowie das zu Schnee geschlagene Eiweiß vermischen und abgedeckt im Wasserbad garen. Inzwischen das Gemüse in hauchfeine Streifen schneiden und mit Salz, Olivenöl, Zitronensaft und etwas Schnittlauch anrichten. Mit einem Eislöffel Kugeln aus der Ricottamasse abstechen und auf dem Gemüse plazieren. Mit Parmesanstreifen dekorieren.

Trüffelsalat

Zutaten für 6 Personen: 100 g reifer Parmigiano Reggiano, 1 Knollensellerie, 150 g junger Radicchio, 1 weiße Trüffel, Olivenöl, Salz, Pfeffer
Den Parmesan dünn raspeln. Den Sellerie vierteln, in möglichst dünne Scheiben schneiden und mit dem Radicchio vermischen. Die Trüffel hauchdünn hobeln. Alle Zutaten mit Olivenöl, Salz und Pfeffer anmachen.

Carpaccio vom Parmesan

Zutaten: 1 Stück Parmigiano Reggiano, Wirsing, Möhren, Artischocken, Knollensellerie, Olivenöl, nach Wunsch 1 Peperoncino, Kapern, gehackte Petersilie und Basilikum, Essig oder Zitronensaft
Parmesan und Gemüse in dünne Spalten oder Stifte schneiden. Öl, evtl. Peperoncino, Kapern, Petersilie und Basilikum vermischen. Das Gemüse hübsch auf einer Platte anrichten und mit dem Dressing anmachen. Den Parmesan darüber verteilen und mit etwas Essig oder Zitronensaft beträufeln.

Perlhuhn mit Weißbrotfüllung

Zutaten für 6–8 Personen: 300 g leicht geröstete Weißbrotscheiben, Milch, 100 g Parmigiano Reggiano, 1 Ei, 1 Orange, 5 Wacholderbeeren, Muskat, Zimtpulver, Salz, 1 entbeintes Perlhuhn, Olivenöl
Das Brot in der Milch einweichen, dann mit mittelfein geriebenem Parmesan, Ei, abgeriebener Orangenschale und Gewürzen zu einer Farce verarbeiten. Die

fein gehackte Leber des Perlhuhns untermischen. Das Perlhuhn füllen, zunähen und salzen. Mit Olivenöl im Ofen braten. Ab und zu mit Orangensaft beträufeln. Perlhuhn tranchieren und mit dem Bratsaft übergießen.

Gefülltes Kaninchen

Zutaten für 8–10 Personen: 1 kg Mangoldgrün, 2 Eier, 50 g Semmelbrösel, 100 g Parmigiano Reggiano, Fenchelgrün, Salz, 1 entbeintes Kaninchen, Olivenöl, etwas Fleischbrühe, Balsamessig
Mangold garen und fest ausdrücken. Mit Eiern, Semmelbröseln, geriebenem Parmesan, gehacktem Fenchelgrün und Salz zu einer Masse verarbeiten. Das Kaninchen füllen und zunähen. Mit etwas Öl im Ofen braten. Ab und zu mit Brühe und Essig begießen. In Scheiben schneiden und mit dem Bratenfond servieren.

Ofenkartoffeln

Zutaten für 6 Personen: 2 Scheiben Speck oder Pancetta, Olivenöl, 500 g Kartoffeln, 2 Salbeizweige, Salz, 50 g Parmigiano Reggiano, Pfeffer
Speck oder Pancetta in Streifen schneiden und in einer feuerfesten Form knusprig braten. Das Öl und die in Scheiben geschnittenen Kartoffeln hinzufügen und mit ganzen Salbeiblättern und Salz würzen. Unter ständigem Wenden anbraten. Im heißen Rohr goldbraun garen. Mit mittelfein geriebenem Parmesan bestreuen, 10 Minuten weiterbraten und mit frisch gemahlenem Pfeffer zu Tisch bringen.

Paprika oder Auberginen mit Parmesan

Zutaten für 6 Personen: 2 Paprikaschoten oder 2 Auberginen, Olivenöl, Balsamessig, gehacktes Basilikum und Minze oder gehackte Petersilie, 50 g reifer Parmigiano Reggiano
Die ganzen Schoten oder die in 1 cm breite Scheiben geschnittenen Auberginen im 180° heißen Ofen braten. Paprika

pellen, in Streifen schneiden. Mit Öl, Balsamessig, Basilikum und etwas Minze würzen. Auberginen mit Petersilie, etwas Minze, Öl und Balsamessig anmachen. Mit Parmesan bestreuen.

Radicchiosalat

Zutaten für 6 Personen: 500 g Radicchio oder bunte Blattsalate, Croûtons von 3 Scheiben Weißbrot, 50 g fein geraspelter Parmigiano Reggiano, Balsamessig, Weinessig, Salz, Olivenöl
Den Salat zurechtschneiden und mit Croûtons und Parmesanraspeln vermischen. Mit Balsam- und Weinessig zu gleichen Teilen und Salz würzen. Das Olivenöl hinzufügen und gut durchmischen.

Parmesanraspeln mit Zitronensaft oder Balsamessig

Zutaten: Fein geraspelter Parmigiano Reggiano, Zitronensaft oder Balsamessig

Die Parmesanraspel 2–3 Stunden in Zitronensaft oder Balsamessig ziehen lassen. Abtropfen lassen und in einer Schüssel zu Tisch bringen – ein köstlicher Digestif!

TRADITIONELLE SPEZIALITÄTEN AUS DER HEIMAT DES PARMIGIANO REGGIANO

Parmesan-Oblaten

Zutaten: 500 g Mehl, Salz, Wasser, gehackter Speck und Knoblauch, Rosmarin, 1 Stück Parmigiano Reggiano

Aus Mehl, Salz und lauwarmem Wasser einen Teig herstellen und 1–2 Stunden ruhen lassen. Den Teig dünn auf ein mit Speck gefettetes Blech streichen und im heißen Rohr (oder in der Pfanne) zu goldbraunen Oblaten backen.

Die Oblaten mit dem Hack aus Speck

und Knoblauch bestreichen und mit Rosmarin und mittelfein geriebenem Parmesan bestreuen.

Kastanienfladen

Zutaten: 400 g Ricotta, 1/2 l Milch, 1 Prise Salz, 1/2 Hefewürfel, 500 g Kastanienmehl, Rosinen, Pinienkerne, 1 Stück Parmigiano Reggiano, Rosmarin, Parmaschinken

Ricotta, Milch, Salz und die in etwas lauwarmer Milch aufgelöste Hefe vermischen; mit dem Mehl verarbeiten, Rosinen und Pinienkerne einarbeiten. Kleine Bällchen formen, abdecken und ca. 1 Stunde ruhen lassen. Die Bällchen flachdrücken und auf einem gefetteten Blech backen. Mit geriebenem Parmesan und Rosmarin bestreuen, zusammenklappen, mit Schinken servieren.

Ostersuppe

Zutaten für 6 Personen: 1 1/2 l Rinder- und/oder Hühnerbrühe, 50 ml Rotwein, 5 Eier, 10 EL fein geriebener und 1 Stück Parmigiano Reggiano, 10 EL Semmelbrösel, Muskat
Die Brühe zum Kochen bringen und mit Rotwein verfeinern. Die Eier mit dem geriebenen Parmesan, den Semmelbröseln und Muskat schaumig schlagen. In die kochende Brühe gleiten lassen und 1 Minute durchkochen. Den restlichen Parmesan mittelfein reiben und zur Suppe servieren. – Diese Suppe ist eine Spezialität aus Parma.

Parmesanbrei

Zutaten für 6 Personen: 5 Scheiben altbackenes Weißbrot, 1 l Rinder- und/oder Hühnerbrühe, 30 g Butter, Salbei, 1 Stück Parmigiano Reggiano
Noch eine Spezialität aus Parma: Das Brot würfeln und in der heißen Brühe aufweichen. Mit Butter und Salbei verfeinern und mit reichlich geriebenem Parmesan servieren.

Parmesannudeln

Zutaten für 6 Personen: 300 g Mehl, 3 Eier, 50 g fein geriebener und 1 Stück reifer Parmigiano Reggiano, Muskat
Aus Mehl, Eiern, dem geriebenen Parmesan und Muskat einen Nudelteig herstellen und dünn ausrollen. Den Teig in sogenannte Strichèt, d. h. Teigflecken von 3 x 3 cm zurechtschneiden. Diese Spezialität aus der Emilia wird als Suppeneinlage gegessen oder mit einer Fleischsauce angerichtet. Den restlichen Parmesan über die Nudeln reiben.

Pasta rasa

Zutaten: 4 EL geriebener und 1 Stück reifer Parmigiano Reggiano, 2 Eier, 6 EL Semmelbrösel, die abgeriebene Schale von einer 1/2 Zitrone, Muskat, Rinder- und/oder Hühnerbrühe
Geriebenen Parmesan, Eier, Semmelbrösel, Zitronenschale und Muskat zu einem sehr festen Teig verarbeiten; nach Bedarf etwas mehr Semmelbrösel hinzufügen. 30 Minuten ruhen lassen. Den Teig auf einer mittleren Reibe reiben, auf einem Küchentuch ausbreiten und

trocknen lassen. In der Brühe kochen, mit dem restlichen Parmesan servieren.

Parmesanpudding

Zutaten für 6 Personen: 6 Eier, Zimt, Muskat, 2 EL Bratensauce, 150 g reifer Parmigiano Reggiano, Salz, Butter, 2 EL Mehl, 1 1/2 l Hühner- und/oder Rinderbrühe

Eine Spezialität aus Bologna: Eigelbe, Gewürze, 100 g fein geriebenen Parmesan und die zu Schnee geschlagenen Eiweiße vermischen. In eine gebutterte und mit Mehl überstäubte Puddingform gießen und im Wasserbad setzen lassen. Mit einem Löffel kleine Klößchen aus der Puddingmasse abstechen und einige Minuten in der Brühe garen. Den restlichen Parmesan mittelfein reiben und dazu servieren.

Polentaauflauf

Zutaten: Butter, Mehl, Polenta (auch Reste vom Vortag), 1/4 Wirsingkohl, Salz, Salbei, 1 Stück Parmigiano Reggiano, Muskat, Zimt
Eine Auflaufform buttern und mit Mehl bestäuben. Die Polenta und den in Salzwasser blanchierten Wirsing lagenweise einschichten. Mit Gewürzen und geriebenem Parmesan bestreuen. Die oberste Schicht Polenta leicht buttern und überbacken.

Parmesanrisotto

Zutaten für 6 Personen: 400 g Reis, 1 1/2 l Rinder- und/oder Hühnerbrühe, 50 ml Rotwein (nach Bedarf), 4 Eier, 10 EL geriebener und 1 Stück reifer Parmigiano Reggiano
Den Reis in der Brühe und eventuell etwas Rotwein al dente garen. Inzwischen die Eier und den geriebenen Parmesan verrühren. Den Reis abgießen (Brühe auffangen) und mit der Eiercreme vermischen. Nach Wunsch mit der Brühe verflüssigen. Den restlichen Parmesan grob reiben und unterziehen.

Anolini alla parmigiana

Zutaten für 4–5 Personen: 500 g Rinderschlegel ohne Knochen, 20 g Speck, Salz, Muskat, Pfeffer, Nelkenpulver, Zimt, 50 g Butter, 1/2 Zwiebel, 1/2 l Brühe, Wein, 100 g leicht geröstetes Weißbrot vom Vortag, 50 g geriebener und 1 Stück Parmigiano Reggiano, 1 Ei, 1 Portion Nudelteig (3 Eier, 300 g Mehl, Wasser, Salz)
Das Fleisch mit Speck umwickeln, zusammenbinden und mit den Gewürzen einreiben. Mit Butter und der fein gehackten Zwiebel anbraten. Mit Brühe und einem Spritzer Wein begießen und im verschlossenen Topf langsam schmoren lassen, bis eine dickliche Sauce entsteht (die traditionellen Schmortöpfe hatten eine durchlässige Vertiefung im Deckel, durch die der Wein langsam in die Sauce sickern konnte). Das Weißbrot zerpflücken und in der Bratensauce einweichen, dann mit geriebenem Parmesan, Ei und Muskat vermischen. Den Nudelteig ausrollen und Kreise ausstechen. Die Füllung auf die Teigflecken setzen, zusammenklappen und in Fleischbrühe garen. Den restlichen Parmesan mittelfein reiben und bei Tisch dazu servieren.

Parmesanpäckchen

Zutaten: 80 g Semmelbrösel, 80 g mittelfein geriebener Parmigiano Reggiano, 1 Ei, gehackte Petersilie, Knoblauch, 6 große in Salzwasser blanchierte Wirsingblätter oder 6 Kalbsrouladenscheiben, Olivenöl, Zwiebelringe, Tomatenpüree

Ein Rezept aus Modena: Semmelbrösel, Parmesan, Ei, Petersilie und gehackten Knoblauch zu einer trockenen Füllmasse verarbeiten. Die Wirsingblätter oder Fleischscheiben mit der Farce füllen und zusammenbinden. In heißem Öl rundum bräunen, dann kurz herausheben und beiseite stellen. Die Zwiebelringe in derselben Pfanne dünsten, das Tomatenpüree hinzufügen und die Päckchen wieder hineinsetzen. Abdecken und auf kleiner Flamme gar schmoren.

Parmesankoteletts

Zutaten: Kalbs- oder Lammkoteletts, Hähnchen- oder Putenschnitzel, 1 Ei, Semmelbrösel, Butter, Olivenöl extra vergine, Brühe, 1 Stück reifer Parmigiano Reggiano

Das Fleisch in Ei und gerösteten Semmelbröseln panieren, dann mit Butter und Öl in eine ofenfeste Form legen und goldbraun braten. Mit etwas Brühe begießen. Parmesanraspel über das Fleisch streuen und in der verschlossenen Form schmelzen lassen.
Dieses Rezept stammt aus Parma.

Kräuterkuchen

Zutaten für 6–10 Personen: 1 kg Mangoldgrün, Salz, Olivenöl, Knoblauch und Gewürzkräuter nach Wahl (z. B. Minze, Melisse, wilder Fenchel), 100 g Semmelbrösel, 2 Eier, 200 g geriebener und 1 Stück Parmigiano Reggiano, Butter und Mehl für die Form
Den Mangold in Salzwasser garen, abgießen und ausdrücken. Mit Öl, Knoblauch und einem Teil der Kräuter aromatisieren. Semmelbrösel, Eigelbe und geriebenen Parmesan dazugeben, dann den Eischnee unterziehen. Eine Form buttern, mit Mehl bestäuben und mit der Mangoldmasse füllen. Im Rohr überbacken. Den restlichen Parmesan mittelfein reiben, die übrigen Kräute über den Kuchen streuen.

Kartoffelkuchen

Zutaten für eine Beilage für 6 oder ein Antipasto für 10 Personen: 1 kg Kartoffeln, Muskat, 2 EL Bratensauce, 100 ml Milch, 2 Eier, 200 g fein geriebener und 1 Stück Parmigiano Reggiano, 30 g Butter, Mehl, Öl (nach Wunsch)
Die Kartoffeln weich kochen, durch ein Kartoffeleisen drücken und mit Muskat, Bratensauce und Milch vermischen. Eigelbe, geriebenen Parmesan und die zu Schnee geschlagenen Eiweiße unterheben. Eine Auflaufform buttern, mit Mehl bestäuben und den Kartoffelteig einfüllen. Mit Butter oder Öl benetzen und im heißen Rohr überbacken. Aus dem Rohr holen und mit dem übrigen Parmesan und Muskat bestreuen.

ITALIENISCHE REGIONALGERICHTE

Taubensuppe

Zutaten für 6 Personen: 2 Tauben, 1 Zwiebel, 1 Möhre, 1 Selleriestengel, Olivenöl, 100 ml Weißwein, einige Schei-

ben altbackenes Weißbrot, Butter, 100 g reifer Parmigiano Reggiano, 2 l Brühe
Die Tauben halbieren und mit dem fein gehackten Gemüse in Olivenöl braten. Mit Weißwein ablöschen. Gegen Ende der Garzeit die Lebern der Tauben in die Pfanne geben. Die Tauben entbeinen und grob zerkleinern, die Lebern klein schneiden. Das Brot rösten, buttern und mit mittelfein geriebenem Parmesan bestreuen. Weißbrot und Taubenfleisch in 6 ofenfeste Förmchen schichten. Mit Brühe auffüllen. Langsam im Ofen überbacken, nach Bedarf etwas Brühe nachgießen. Mit geriebenem Parmesan bestreuen. – Diese Suppe stammt aus Treviso und wurde früher bis zu 5 Stunden im Ofen gegart.

Zimtklößchen

Zutaten: 1 kg Kartoffeln, Salz, Salbei, 2 Eier, 50 g geriebener und 1 Stück Parmesan, Mehl, Butter, Zucker, Zimt
Die Kartoffeln mit Salz und Salbei in Wasser garen. Abgießen, durch ein Kartoffeleisen drücken und mit den verquirlten Eiern und fein geriebenem Parmesan vermischen. Den Teig durch ein

Sieb pressen und auf eine bemehlte Arbeitsfläche fallen lassen. Warten, bis der Teig das Mehl aufgesogen hat, zu langen Schnüren rollen. Große Stücke abtrennen, in Mehl wenden und in sprudelndem Salzwasser garen. Wenn die Klößchen nach oben steigen, abgießen, mit Butter, Zucker, Zimt und mittelfein geriebenem Parmesan servieren.

Spaghetti di Pulcinella

Zutaten: 1 1/2 l doppelte Kraftbrühe, 1 EL abgeriebene Zitronenschale, 500 g Spaghetti, 100 g Parmigiano Reggiano, Muskat, Pfeffer
Brühe und einen Teil der Zitronenschale in einem weiten Topf zum Kochen bringen. Die Spaghetti darin al dente garen und abgießen (sie sollten aber noch gut feucht sein). Mit mittelfein geriebenem Parmesan, Muskat, etwas Zitronenschale und einem Hauch Pfeffer verfeinern.

Sizilianische Sardinenpfanne

Zutaten: 1 kg frische Sardinen, 200 ml Essig, 100 g Parmigiano Reggiano, 3 EL gemischtes Hack aus Petersilie und Knoblauch, Salz und Pfeffer, 5 Eier, 150 g Semmelbrösel, Öl zum Braten
Die Sardinen ausnehmen, entgräten und den Kopf abtrennen. 2–3 Stunden in Essig ziehen lassen. Den fein geriebenen Käse mit Gemüsehack, Salz und Pfeffer vermischen. Die Eier in einer Schüssel verquirlen. Die Sardinen aus dem Essig heben, abtropfen lassen und in der Parmesanmischung wenden. Verschließen und in Ei und Semmelbröseln panieren. Die Fische in der Pfanne braten.

Kutteln Mailänder Art

Zutaten: Salbei, 1 Zwiebel, 1 Möhre, 1 Selleriestengel, Butter, 1 kg vorgekochte Kutteln, 250 g Dosentomaten, Salz, Pfeffer, 1/2 l Brühe, 400 g gekochte dicke Bohnen, Parmigiano Reggiano
Salbei und das zerkleinerte Gemüse in Butter andünsten. Die in feine Streifen geschnittenen Kutteln mit andünsten, bis die austretende Flüssigkeit ver-

dampft. Die Tomaten einrühren, salzen, pfeffern, 2 Stunden schmurgeln lassen. Ab und zu Brühe angießen. Vor Ende der Garzeit die zermusten Bohnen hinzufügen. Mit Parmesan bestreuen.

Spinat Florentiner Art

Zutaten: 1 kg Spinat, Olivenöl, 3 Knoblauchzehen, 150 g Béchamelsauce, 100 g geriebener und 1 Stück Parmesan, Mehl
Den Spinat dünsten, fein hacken und abtropfen lassen. Das Öl mit dem Knoblauch aromatisieren, den Spinat hinzufügen und dünsten, bis die Flüssigkeit verdampft ist. Den geriebenen Käse in die Béchamelsauce rühren. Die Hälfte der Sauce unter den Spinat ziehen. Den Spinat in eine gefettete und bemehlte Auflaufform füllen und mit dem Rest Béchamel abdecken. Im Ofen überbacken. Mit dem restlichen Parmesan servieren.

Spargel nach der Art von Monferrato

Zutaten: 1 kg Spargel, Salz, Butter, 50 g Parmigiano Reggiano, pro Person 1 Ei
Spargel in Salzwasser garen, abtropfen lassen und in eine gebutterte Auflaufform schichten. Mit geriebenem Parmesan abdecken. Langsam im Ofen überbacken. Inzwischen Spiegeleier braten. Spargel aus dem Rohr holen, die Spiegeleier obenauf setzen und servieren.

Parmigiana di melanzane

Zutaten: 1 kg Tomaten oder 500 g Tomatenpüree, 1 Zwiebel, Basilikum, 1 Ei, Salz, 1 kg Auberginen, 200 g Mozzarella, 60 g Parmesan, Olivenöl
Die Tomaten mit der Zwiebel und etwas Basilikum durchkochen. Durch eine Gemüsemühle passieren und mit dem Ei vermischen. Salzen. Auberginen in Scheiben schneiden und in Öl in der Pfanne braten. Das restliche Basilikum hacken, den Mozzarella in Scheiben schneiden. Den Boden einer Auflaufform mit etwas Tomatensauce bestreichen. Eine Lage Auberginen einschichten, mit Basilikum, mittelfein geriebe-

nem Parmesan und Mozzarella bedecken. 3 Lagen einschichten. Mit Sauce und Parmesan abschließen. Im Ofen überbacken und abkühlen lassen.

Torta perugina

Zutaten: 5 Eier, 150 g frischer Pecorino, 150 g reifer Parmigiano Reggiano, 8 EL Olivenöl, 300 g salziger Hefeteig, 150 g Mehl, Salz, Schmalz oder Butter

Am Vorabend 5 Eier verquirlen und mit dem zerpflückten Pecorino und dem fein geriebenen Parmesan vermischen. Das Öl in einem dünnen Strahl unterziehen. Am nächsten Morgen den Hefeteig auf eine bemehlte Arbeitsfläche setzen. Mit dem Mehl verarbeiten und in der Mitte eine Vertiefung formen. Die Käsemasse einfüllen und langsam einarbeiten. In eine Schüssel legen, abdecken und an einem warmen Ort 2–3 Stunden gehen lassen. Den Teig in eine Kuchenform füllen und noch mal 2–3 Stunden gehen lassen. Im Umluftherd bei 180° backen. Die Torte heiß oder kalt zu Schinken, Salami oder Trüffeln servieren.

BIBLIOGRAPHIE

P. Artusi, *La scienza in cucina e l'arte di mangiar bene*, Adriano Salani Editore, Florenz 1908

M. L. Lotteringhi della Stufa, *Desinari e Cene*, Editoriale Olimpia, Florenz 1965

A. Gosetti della Salda, *Le ricette regionali italiane*, Casa Editrice Solares, Mailand 1967

E.V. Quattrova, *La cucina elegante: il quattrova illustrato*, Editoriale Domus, Mailand 1978

J. F. Revel, *3000 anni a tavola*, Rizzoli Editore, Mailand 1980

S. Bellei, U. Preti, *Ricettario Modenese*, Modena Libri, Modena 1984

Il Parmigiano-Reggiano, Zeitschrift des Consorzio del Formaggio Parmigiano-Reggiano, versch. Beiträge 1986–1994

Homo Edens, Diapress documenti, Verona 1987

E. Faccioli (Hrsg.), *L'arte della cucina in Italia*, Giulio Einaudi Editore, Turin 1987

R. Dall'Ara, E. Fanini, *Mangiar Mantovano*, Mantua 1988

H. McGee, *Il cibo e la cucina*, Franco Muzio Editore, Padua 1989

Parmigiano-Reggiano, Consorzio del Formaggio Parmigiano-Reggiano, Reggio Emilia 1990

La Cuciniera Bolognese, o.A., Arnaldo Forni Editore, Sala Bolognese (Bo) 1990

C. Benporat, *Storia della Gastronomia Italiana*, Ugo Mursia Editore, Mailand 1990

C. Fischer, *L'onnivoro*, Arnoldo Mondadori Editore, Mailand 1990

M. Vizzardi, P. Maffeis, *Formaggi Italiani*, Edizioni Agricole, Bologna 1990

G. P. Biasin, *I sapori della modernità*, Editrice Il Mulino, Bologna 1991

M. Iotti, *Storia del formaggio di Grana »Parmigiano Reggiano«*, Aedes Muratoriana, Modena 1991

Istituto nazionale di sociologia rurale, *Atlante dei prodotti tipici: i formaggi*, Franco Angeli, Mailand 1991

M. Parenti, *De arte resecandi casei*, Edizioni L'Arciere, Cuneo 1991

M. Toussaint-Samat, *Storia naturale e morale dell'alimentazione*, Sansoni Editore, Florenz 1991

Ministero Agricoltura e Foreste, *L'Italia dei Formaggi DOC*, Franco Angeli, Mailand 1992

M. Montanari, *La fame e l'abbondanza*, Editori Laterza, Bari 1993

J. LeGoff (Hrsg.), *Der Mensch des Mittelalters*, Fischer Taschenbuch, Frankfurt/M. 1996

N. Panzani, *Formaggio Grana*, Eta, Vignola (Mo) 1994

INHALT

Ein großer Käse aus dem Kloster

Von der Molkerei auf unseren Tisch

Rezepte

Für die Kleinsten

Zarte Versuchungen

Traditionelle Spezialitäten aus der Heimat des Parmigiano Reggiano

Italienische Regionalgerichte

SLOW FOOD

Das bibliophile Geschenk für alle, die genießen können.

Droemer

edition spangenberg